Lo que la gente está
diciendo sol...
por la.

"Este libro habla del hermoso paralelismo entre vestirse para el éxito tanto en el ámbito natural como en el espiritual. Recomiendo encarecidamente *Pasión por la moda* a cualquiera que quiera crecer más profundamente y puramente en su caminar con Dios. Jean Metcalf utiliza imágenes maravillosas sacadas de la belleza natural y el mundo de la moda con las que todos pueden identificarse, mezcladas con mucha Escritura, para ilustrar la importancia de vestir y estar a la altura en modelar a la novia pura y sin mancha que somos llamados a ser. Como evangelista a tiempo completo y modelo de moda internacional que defiende la pureza, por una parte puedo identificarme con cada parte del mensaje comunicado en este libro y creer que tú también podrás hacerlo. Ya seas ministro, modelo, mamá que no trabaja fuera de casa, empresaria o estudiante, este libro es para ti. Después de todo, ¿quién no quiere lucir a la moda delante del Rey de reyes y mostrar su gran gloria en la tierra?".

— **Miranda Nelson**
Modelo profesional de moda y cofundadora de Elisha Revolution

"Hay un modismo francés que tiene el equivalente aproximado en español: 'Sentirte bien contigo mismo'. En más de cuarenta años de ministerio a tiempo completo, he descubierto que vastas multitudes de personas no se sienten bien consigo mismas, muchos cristianos incluidos. Las incesantes mentiras del adversario y las presiones de la cultura popular conspiran para causar que se sientan inferiores, indignos y poco amados.

"Jean Metcalf sabe lo que es experimentar esos sentimientos, pero también sabe lo que se necesita para vencerlos. Ella ha aprendido a prevalecer sobre el rechazo, la depresión y la amargura, y ahora es un ejemplo de elegancia, equilibrio y gracia.

"Sus ejemplos inspirarán a cualquiera que haya batallado alguna vez con problemas de indignidad o inferioridad para experimentar la vida vibrante y victoriosa que nuestro Señor Jesucristo nos proporcionó mediante su muerte, sepultura y resurrección de la tumba. Ese mismo poder está a tu disposición hoy, y Jean hace un trabajo estupendo para ayudarte a alcanzar el grandioso diseño de Dios para tu vida".

— Dr. Rod Parsley
Pastor y fundador de World Harvest Church,
Columbus, Ohio

"Tuve la oportunidad de servir a Jean y su esposo, Greg, como su pastor por muchos años. En todo el tiempo que los he conocido, su fidelidad y energía para el Señor y sus propósitos no han disminuido nunca. El título de su nuevo libro, *Pasión por la moda*, es apropiado. El deseo del corazón de Jean es ver que el pueblo de Dios es apasionado por desempeñar su parte en el plan de Dios.

"Jean es, entre otras cosas buenas, ella misma apasionada: apasionada por su familia, apasionada por ayudar a la gente, y apasionada por llevar el evangelio al mundo entero. Se ha mantenido firme en las pruebas, fiel a la casa de Dios, y generosa con su tiempo y sus recursos. Sé que la sabiduría que ha obtenido a lo largo de los años en la Palabra, y mediante experimentar la fidelidad de Dios en los momentos buenos y en los malos, será de gran beneficio para ti.

"Las metáforas y ejemplos que utiliza en su libro, *Pasión por la moda*, sin duda 'harán diana' para muchas personas. Ella comparte verdades eternas de manera nueva. Disfruta y aprende".

— **Bayless Conley**

Pastor principal de Cottonwood Church

Los Alamitos, California

"De manera muy única y creativa, Jean Metcalf presenta verdades bíblicas que te ayudarán a caminar en la libertad que Dios quiso para ti. Su sinceridad es refrescante, y su enfoque es práctico. Este trabajo es veraz, humorístico, y liberador".

— **David Diga Hernandez**

Autor y evangelista

"*Pasión por la moda* de Jean Metcalf es un libro hermoso escrito expresamente para mujeres que será una gran fuente de sabiduría y ayuda para todas las mujeres. Contiene muchos versículos bíblicos con consejos prácticos sobre cómo desarrollar el llamado de Dios en tu vida. Sé que te beneficiarás de leer y aplicar las verdades que hay en este libro".

— **Joan Hunter**

Autora y evangelista

"Recomiendo encarecidamente este asombroso libro. Con un trasfondo de catorce años en el pequeño comercio, he disfrutado verdaderamente cada página de este libro. He tenido el privilegio y el honor de conocer a Jean personalmente y he observado su estupendo gusto en la moda. Creo que a medida que leas este libro verás el amor de Jean por Jesús en su caminar, y su compromiso de llevar a cabo el llamado que Dios le está dando. Lo que toca mi corazón al leer este libro es ver que su amor es muy transparente. Prepárate para entrar en una transición porque oirás el corazón del Padre dándote identidad y una mirada clara de cómo te ve Él. Está preparada para ser transformada según su modelo. Siento que este libro es muy necesario en esta generación. Como mujeres, fuimos creadas para mostrar la belleza con la que Dios nos creó. Nunca he leído un libro sobre moda que muestre tan bien el cielo".

— **Silvia Sanford**

Realtor® y fundadora de Silvia Sanford Ministries,

"Raising Deborahs"

"Jean Metcalf ejemplifica el ejemplo más alto de lo que significa ser cristiano. Ella modela literalmente la vida del creyente sobrenatural poniendo en práctica los mismos principios que comparte en este poderoso libro. En esta cultura actual, es de vital importancia que cada creyente aprenda cómo eliminar las fachadas artificiales que los retos de la vida nos presionan a menudo para que mostremos. Estas máscaras son con frecuencia la barrera no detectada para experimentar el nivel más pleno de poder victorioso que Dios desea para nosotros. En este libro maestro, aprenderás cómo ser libre de las ataduras de tu pasado, y con una pasión enfática, ¡llegar a ser la persona segura de sí misma y sobrenatural que Dios creó! ¡Este libro es lectura obligada para todo creyente!".

— **Pastores Hank y Brenda Kunneman**
Lord of Hosts Church y One Voice Ministries
Omaha, Nebraska

"Jean Metcalf, mi querida amiga, ha compartido su corazón y su pasión con nosotros en su libro *Pasión por la moda*. En todos los años que he conocido a Jean, su pasión y su primer amor han sido siempre el poder y la presencia de Dios. El deseo de su corazón es estar vestida de justicia. Sin ninguna duda, tiene pasión por la moda en los ámbitos natural y espiritual.

"En *Pasión por la moda*, Jean comparte su propio testimonio y pasos prácticos sobre cómo se sobrepuso a experiencias dolorosas y desgarradoras en la vida y alcanzó la fuerza sobrenatural de Dios y su poder sanador para permanecer en el lugar de victoria, sanidad e integridad.

"Creo que cada creyente podrá identificarse con los pasos para la sanidad y la integridad bosquejados en el libro de Jean. Y serás retado a proseguir al supremo llamamiento en Cristo Jesús. Cuando permitas que Jesús sacuda tu vergüenza y digas: '¡Vete!' a tu culpabilidad, serás lanzado hacia el siguiente nivel. Al hacerlo, ¡estarás preparado para recorrer la pasarela del diseño de Dios para tu vida!".

— **Rev. Danette J. Crawford**

Fundadora y presidenta de Danette Crawford Ministries

Virginia Beach, Virginia

"¡Jean Metcalf es una fuerza a tener en cuenta! Líder en los negocios con un corazón para el Reino, su nuevo libro, *Pasión por la moda*, comparte su conmovedor testimonio junto con perspectivas transformadoras. Los contrastes que traza Jean entre la moda y ser una mujer piadosa es una lectura que gustará a todos. ¡No te pierdas este poderoso libro!".

— **Pastor Dan Willis**

Pastor principal de Lighthouse Church of All Nations

Chicago, Illinois

"Jean Metcalf proporciona a los lectores el esquema supremo para descubrir principios bíblicos en formato de mapa de ruta que cualquiera puede seguir para destapar su pleno potencial en la vida. Ella es una mentora bíblica que aborda sistemáticamente áreas clave retadoras en la vida y las divide en pasos sencillos que cualquiera que lea este tesoro de esperanza que edifica fe puede implementar enseguida. Hay muchas gemas de sabiduría en este libro fácil de leer, ¡que te encontrarás leyendo una y otra vez!".

— **Kimberly Cravotta-Purvis, MS, LMFT**
Terapeuta clínica

"*Pasión por la moda* es un libro que habla al alma y el corazón. Es un libro de enseñanza escritural clara y llena del Espíritu. Si el deseo de tu corazón es ser como Jesús, este es un libro para ti. Quizá tengas algunas luchas y decepciones en tu vida, pero tu corazón está decidido. Estás preparado para este libro.

"Mediante el poder del Espíritu Santo y el amor de Dios, este libro está escrito con total transparencia para llegar hasta ti, tocarte, y darte esperanza y la presencia de Dios. Jesús lo dijo de este modo: 'La paz os dejo, mi paz os doy; yo no os la doy como el mundo la da. No se turbe vuestro corazón, ni tenga miedo'.

"Este libro, mediante inspiración divina, te llevará desde la defensa hasta la ofensiva. Será una de las herramientas de Dios para su intervención divina y su victoria en tu vida. Alentará tu corazón para que tengas la bendita seguridad de que si Dios está por ti, ¿quién puede estar contra ti? Llenará tu corazón de anticipación divina de que algo bueno va a sucederte. Sabrás en tu corazón que Jesús es el mismo ayer, hoy, y para siempre, y que la huella de tu vida está llena de milagros. Mientras sostienes este libro, Jesús está pasando a tu lado".

— **Jerry Moses**
Asistente del presidente de Movieguide®

"Cuando leí tu libro, mi convicción cobró vida en tu historia: que cuando un creyente es estrujado, sale el hermoso y apasionado aroma. Esta historia única, que proviene de una mujer única como tú, representa esperanza, belleza y elegancia".

— **Yvette Isaac**
Directora general de Success Team
Duarte, California

PASIÓN por la Moda

RECORRIENDO LA PASARELA DEL DISEÑO DE **DIOS**

JEAN METCALF

PREFACIO por la DRa. MARILYN HICKEY

Dedico este libro a Mamá y Papá, quienes me dieron una pasión por la vida y me introdujeron al modelaje de moda. Ellos me enseñaron a caminar con mis ojos enfocados hacia adelante en Dios, su Palabra y su plan para mi vida. Ellos me enseñaron a amar al Señor Jesús con todo mi corazón, alma y cuerpo. Ellos fueron mis instructores para confiar en Él y no depender de mi propio modo de pensar. Este libro es una continuación de su legado.

RECORRIENDO LA PASARELA DEL DISEÑO DE **DIOS**

PREFACIO

El libro *Pasión por la moda* es muy importante, creo yo, para cada mujer porque de alguna manera todas nacemos con un deseo de estar a la moda. Incluso la mayoría de los hombres desean verse limpios y presentables. Cuando nació mi nieta Isabel, la vida cambió para mi hija Sarah, que es más ruda y más atlética. Y resulta que Dios le dio una niña muy femenina: a Isabel le encanta la moda. Ella me dijo un día: "Quizá tengas algunas joyas que te gustaría darme, ¡porque tú y yo somos iguales!".

¡Qué linda! Aun así, a Sarah le gusta la moda para su modo de vida, su modo de pensar. Este libro, *Pasión por la moda*, te ayudará a ver que Dios tiene un plan para el papel de la moda en esta vida. Él puso en ti la imagen para ser el modelo que Él desea para ti y que así puedas desarrollar tu vida aquí en la tierra.

Jean Metcalf ha sido una buena amiga mía por algunos años. La conozco a ella, a su esposo Greg, y a sus hijos. Ha sido un gran privilegio para mí tener la oportunidad de ser mentora personalmente de Jean. Veo que tiene un corazón muy puro y está muy dirigido hacia lo que Dios quiere en cada nivel de su vida. Agradezco este libro porque conozco muy bien a la autora. Conozco la pasión y la pureza de su corazón para caminar en la unción y la justicia de Dios; pero también sé cuánto deseo tiene de transmitirla. Es el deseo de Jean ser tu mentora mediante su libro. Ella te está transmitiendo su perspectiva sobre cómo caminar en la Palabra y cómo vestirte para el éxito. ¿Querrás recibir ese manto de *Pasión por la moda. Recorriendo la pasarela del diseño de Dios?*

— **Dra. Marilyn Hickey**

Fundadora y presidenta de Marilyn Hickey Ministries

INTRODUCCIÓN

Jesús dijo: "Ama al Señor tu Dios con todo tu corazón, con toda tu alma, con toda tu mente y con todas tus fuerzas".
Marcos 12:30 (NTV)

Es divertido estar en un desfile de moda, ya sea como diseñador, fotógrafo, coreógrafo, modelo, o entre la audiencia. La atmósfera es intensa, cargada de expectación por los diseños de la nueva temporada. Todo el mundo corre de un lado a otro ocupándose de los detalles de última hora. La multitud se agita con anticipación.

Fue mi mamá quien me introdujo a la moda, y fue ella quien me apuntó para estudiar etiqueta y protocolo en la agencia Florence Smales Modeling Agency. Yo tenía trece años cuando hice una sesión de fotografías para mi portafolio. El fotógrafo dijo que tomé buenas fotografías, pero que debería arreglarme y enderezarme los dientes para tener un aspecto más refinado. Cuando el trabajo en mis dientes quedó terminado, yo estaba en la secundaria y no quería seguir el modelaje; sin embargo, la moda ha sido una parte de mi vida desde aquella época.

A los quince años de edad me involucré en un grupo de jóvenes y comencé a leer la Biblia. Mientras más la leía, más hambre de Dios tenía. Más adelante hice un estudio de palabras sobre caminar en la Palabra: la Biblia. Hay muchos versículos que nos enseñan sobre cómo vivir nuestra vida. Caminar en amor. Caminar dignos de nuestro llamado. Caminar por fe, no por vista. Caminar en sabiduría, etc.

Un día, años después, me imaginaba caminando sobre una pasarela de moda. Entonces pensé en Dios como mi Diseñador y caminar en su pasarela para mi vida. A menudo, lo que hay en el mundo natural puede relacionarse con lo que está sucediendo en el mundo sobrenatural.

Mi mente continuó uniendo las dos maneras de caminar, y nació

Pasión por la moda. La expectación de un desfile de moda siguió iluminando mis pensamientos cuando asistí a una gran reunión de personas que se habían juntado para adorar y estar en la presencia del Espíritu Santo. Esa misma emoción de anticipación estaba allí, en una cruzada de sanidad.

> *Nosotros somos los modelos que recorremos la pasarela de la vida de Dios.*

El Diseñador es Dios. Jesús es el Hijo del Diseñador que está a cargo de la industria de la ropa. Él es quien nos viste con el manto de justicia. El fotógrafo es quien toma fotografías para recordar el evento. El coreógrafo es el Espíritu Santo, quien orquesta la reunión. La audiencia está compuesta por quienes observan.

Después de la alabanza, la adoración y el mensaje, personas que han sido sanadas o están en el proceso de sanidad cuentan sus historias de cómo Jesús tocó su cuerpo. Me sorprende cuando veo la expresión en las caras de personas que entraron llenas de dolor de espalda y ya no lo tienen; otras que han tenido bultos en varios lugares en su cuerpo se acercan para mostrar que el bulto ya no está.

Surge entre la multitud alabanza a Dios, acumulando ímpetu para más de la presencia del Espíritu Santo. Ese es el entorno en el cual fe y pasión tienen una oportunidad de explotar.

La palabra *pasión* significa "*entusiasmo* inagotable". La palabra entusiasmo viene de las palabras griegas *en*, que significa "en", y *theo*, que significa "Dios".

Cuando somos apasionados con respecto a nuestro propósito, y cuando nuestro deseo es ver la obra de Dios en nuestra vida, estamos "en Dios" y rebosantes de emoción exuberante. Por eso estoy tan emocionada de que estés leyendo este libro. Hoy día, a veces hay muchas distracciones que tiran de nosotros. Tenemos opciones en cuanto en qué nos quedaremos, miraremos y disfrutaremos.

Es mi deseo que a medida que leas este libro seas alentada en quién eres ante los ojos de Dios. Vístete para el éxito, y ten confianza en el modo en que caminas por la vida. Sé llena de entusiasmo con respecto a crecer en el conocimiento de la Palabra de Dios. Quiero que tengas hambre de una relación íntima con el Espíritu Santo. Cuando hayas experimentado la presencia del Espíritu Santo en tu vida, nunca serás la misma persona. Este libro está basado en la Palabra de Dios y sus promesas. Si vives según los conceptos de estas páginas, tu vida será divinamente transformada. Tendrás ese "conocimiento" de quién es Jesús en tu vida y entenderás cómo hacer que todo encaje.

Aquí tenemos cuatro maneras en las que este libro puede ayudarte a crecer en tu fe:

1. Te quitarás la ropa equivocada. Descubrirás que es posible ser libre de las ataduras.

2. Aprenderás a caminar por fe, no por lo que ves.

3. Entenderás la autoridad espiritual que se te ha otorgado mediante tu relación con Jesucristo. Tendrás autoridad cuando declares la Palabra y las promesas de Dios a una situación particular.

4. Descubrirás que hay muchas, muchas voces ahí fuera y aprenderás a discernir la voz correcta que escuchar.

Al conocer estos puntos, estarás plenamente equipada para llevar una vida llena de pasión por tu propósito.

Estoy emocionada por tu viaje. Prepárate para vivir con pasión por Jesús, y permite que el Espíritu Santo te moldee a semejanza de su gloria.

CAPÍTULO 1
Quítate la ropa equivocada

"La noche ya casi llega a su fin; el día de la salvación amanecerá pronto. Por eso, dejen de lado sus actos oscuros como si se quitaran ropa sucia..."

Romanos 13:12 (NTV)

¿Te has vestido alguna vez y no te has sentido bien con ese conjunto? Yo lo he hecho. Algunas veces me pruebo más de un conjunto antes de sentirme cómoda con la ropa. El conjunto tiene que ser apropiado para la ocasión. Tiene que sentar bien: ni demasiado ceñido ni demasiado holgado. El color también ha de sentar bien. Te sientes bien contigo misma cuando te pones ropa que te gusta y que también te sienta bien.

Tanto en tu vida diaria como en tu caminar de fe, quítate la ropa equivocada. Elimina lo que te ha cubierto. Líbrate de la actitud desafiante. Quítate el odio, la amargura, y la conducta inmoral. Desecha las drogas, el alcohol, y la pornografía. En cambio, ve a la moda ante los ojos de Dios, y sé un reflejo de la belleza interior que Él te ha dado.

Fuiste creada a su imagen, pero debido a la caída de Adán y Eva tienes que lidiar con esa relación rota. Jesús vino a la tierra para ser el puente entre nuestro Dios santo y el hombre pecador. La Nueva Traducción Viviente dice en Isaías 64:6: "Estamos todos infectados por el pecado y somos impuros. Cuando mostramos nuestros actos de justicia, no son más que *trapos sucios*". Nuestras ropas en el mundo natural no son trapos sucios, pero ya te haces una idea.

ARREPIÉNTETE PARA QUITARTE LA ROPA ESPIRITUAL EQUIVOCADA

Ya sabes cómo quitarte la ropa en el mundo natural, pero ¿cómo haces eso en el mundo sobrenatural? *Quitarte la ropa* significa "desvestirte o desnudarte". Ve más allá de tu pasado: la suciedad que cubre tu yo real.

Desvístete de todas las capas de dolor, decepción y daño emocional que has experimentado en tu vida. Quítate la ropa equivocada.

Esto comienza con arrepentimiento. Aléjate del pasado, lo cual es

---

Ten una conversación con Aquel que te formó.

---

decir que lamentas todo lo que has hecho mal. Ya no deseas pecar más. Lamentas haberte puesto a ti misma en primer lugar. Admites ante Dios que no puedes vivir esta vida por tus propios medios. Pon a Jesús en el trono de tu vida. Declara que Jesús es Señor. Decir esto y decirlo de veras es una señal vocal de que te estás alineando con el diseño de Dios. Ora, que es hablar con Dios. Ten una conversación con Aquel que te formó. Él te oye y escuchará tus oraciones.

Entonces entrega a Jesús toda tu angustia, incomodidad y decepciones. Ya no tienes que llevar el mundo sobre tus hombros. Normalmente eso no sucede de la noche a la mañana. A mí me ha tomado años quitar la inseguridad, los desengaños y los lamentos. Mientras más me acerco a Dios, más leo su Palabra y más crece mi confianza en el Espíritu Santo. Cuando hago esto se me quitan capas de dolor. Hoy, cuando pienso en una situación que causó un dolor oculto, esos sentimientos de rechazo ya no surgen en mi interior.

Confiar en Dios bien vale la pena. Ahora tengo mucha más libertad de la que he tenido nunca. Me siento cómoda con quién soy y en quién me he convertido. ¿Tengo más capas que necesitan ser eliminadas? Claro que sí, y le he pedido ayuda a Dios en esta área. A medida que Él continúa ayudándome a seguir su voluntad, puedo disfrutar mi vida porque le he dado el control a Jesús.

El cambio es parte de la vida. La transformación es un giro de 180 grados en el modo en que solías pensar, una nueva programación de tu mente hacia una perspectiva nueva. Mateo 3:1-2 dice en la Traducción en Lenguaje Actual: "Vuélvanse a Dios, porque muy pronto su reino se establecerá aquí". Otras traducciones usan la palabra "arrepentirse".

La palabra "arrepentirse" en griego es *metanoeo* (G-3340), que significa "pensar diferente; cambiar de idea y propósito como resultado del conocimiento posterior". También, "arrepentirse" significa "sentir lamento por la conducta del pasado y alejarse del pecado". Cuando te arrepientes, la oscuridad ya no te rodea. En cambio, el perdón te inundará de luz. A veces es más difícil perdonarnos a nosotros mismos.

Josué (el sumo sacerdote) estaba vestido con ropas sucias en presencia del ángel. Así que el ángel les dijo a los que estaban allí, dispuestos a servirle: «¡Quítenle las ropas sucias!» Y a Josué le dijo: «Como puedes ver, ya te he liberado de tu culpa, y ahora voy a vestirte con ropas espléndidas».

—Zacarías 3:3-4 (NVI)

Esta es una ilustración en la que el sumo sacerdote, Josué, estaba ante el Tribunal celestial. Él había pecado y estaba vestido con ropas sucias. Satanás acusaba al juez de su pecado, pero Dios conocía el corazón de Josué. En el versículo 2, el Señor le dijo a Satanás: "¡Que te reprenda el Señor!".

La palabra "Señor" con mayúscula en el Antiguo Testamento conlleva que Él es el Padre eterno de relación y pacto.

Aprendamos a entrar por las puertas del cielo con acción de gracias y por sus atrios con alabanza (Salmos 100:4). Cuando ores a Dios, acércate primero con acción de gracias por todo lo que Él ha hecho por ti. Después alaba a Dios, dándole gloria por quién es Él (fiel, perdonador, justo, majestuoso y lleno de honor). Cuando el diablo te esté acusando, ten versículos para recordarte a ti misma a Dios, el Juez, y su Palabra. Está preparada para mostrar al Tribunal por qué te debe ser otorgado un veredicto de inocencia. La sangre del Cordero te ha redimido. Tú has aceptado el perdón que se te ha dado en la cruz. Quítate tus ropas sucias. Permite que Jesucristo sea el Mediador, el abogado que Él había de ser. Deja que te cubra con ropas espléndidas.

¡Me llené de alegría en el Señor mi Dios! Pues él me vistió con ropas de salvación y me envolvió en un manto de justicia.

—Isaías 61:10 (NTV)

Dile a Jesús que lamentas haberte quedado en el sufrimiento y el dolor en tu vida. Toma el control de tus procesos de pensamiento. Dale el control a tu espíritu, y no a tus sentimientos.

No es erróneo experimentar tristeza y desgracia, pero tu mente tiene tendencia a revivir los acontecimientos dolorosos día tras día. Pensar continuamente en las heridas puede causar que espíritus malignos de lamento y tristeza entren en tu alma y lo inunden todo. Es entonces cuando necesitas hablar con Jesús y decirle cuánto lamentas estar constantemente consumiendo pensamientos erróneos.

¿Fuiste herida? Bien, sí, pero necesitas perdonar y olvidar.

Solamente Jesús puede hacer que estés bien. Él es Jehová-rafá, Dios nuestro sanador. Él es Dios nuestra salud. Deja que Jesús te sane quitándote las ropas sucias que te han cubierto. Deja que te vista con su moda, su semejanza, su gloria.

Yo tengo que recordarme a mí misma hacer eso en varias ocasiones. Soy una persona sensible. Soy una persona que apoya. Soy empática y siento la herida emocional, no solo la mía sino también la de otras personas. Eso por lo general se refiere a mi familia o amistades; aquellos que están más cerca son quienes a menudo más nos decepcionan. Muchas veces, personas han entendido mal lo que yo dije o cómo lo dije. He soportado gritos incesantes. A veces, sentía que mis piernas se debilitaban y temblaban.

No me gusta el conflicto. Ahora entiendo lo que sucedía. La persona no me estaba atacando a mí; Satanás estaba influenciando a ese familiar. Por lo tanto, inmediatamente perdoné a la persona.

Te aliento a que entiendas lo que está sucediendo; perdona a la persona que tiene un conflicto contigo. Cuando regresen esos pensamientos de resentimiento, llévalos a Jesús y di: "Te entrego a ti estos pensamientos y sentimientos. No quiero aferrarme a ellos más. Tú llevaste la corona de espinas para que yo pudiera ponerme la corona de justicia. Ya no tengo que seguir lidiando con el dolor y los pensamientos espinosos. Gracias por amarme tanto".

Recuerda: el campo de batalla está en la mente. Cuando esos sentimientos de sufrimiento regresen otra vez, di: "Ah, no, no lo hagas, diablo. Entregué esos sentimientos a Jesús. Él está lidiando con ellos y no yo. Ahora, vete".

Me casé por primera vez cuando tenía veintiún años. Pensaba que estaba enamorada de un hombre que me amaba, y que la vida sería maravillosa. Soñaba que tendríamos tres hijos y viviríamos en una casa de dos pisos al estilo ranchero con ventanas francesas.

Cuando le dije a mi mamá que estábamos comprometidos para casarnos, ella me dijo sin vacilación: "Tú no sabes lo que es el amor".

Yo me ofendí y decidí demostrar que ella estaba equivocada. Pero tras ocho años de matrimonio, mi esposo nos abandonó a mí y a nuestro hijo adoptado. Nos habíamos distanciado, al no haber pasado nunca tiempo juntos.

Anteriormente él me había dicho: "Yo no te amo del modo en que tú me amas".

Yo pensé: "Dios, ¿qué quiere decir con eso?".

Recuerdo las noches en las que yo no podía dormir porque mi esposo aún no había llegado a casa. Me levantaba, me ponía mi bata, me sentaba en el salón en el gran sofá, y oraba en la oscuridad.

Al ser un conductor de limusina, él a menudo llegaba a casa después de las 2:00 de la mañana. Entraba por la puerta principal y se iba al dormitorio, sin darse cuenta de que yo lo estaba observando.

Después de muchos días, me llamó mientras estaba yo en el trabajo y dijo: "Vamos esta noche a cenar a casa de tu mamá. Le he pedido que cocine para nosotros. Has estado trabajando muy duro, y necesitas un descanso".

Yo pensé: "¿De veras? ¿Estás de broma? Quizá él ha cambiado".

Entonces me dijo: "Vamos en dos autos por si acaso me llaman para trabajar". Efectivamente, recibió una llamada para hacer un trabajo. Después, cuando llegamos a casa, metí en la cama a mi hijo y fui al dormitorio principal. Me detuve. No estaba la cómoda de los cajones. Pensé que nos habían robado. Entonces vi una carta en mi lado de la cama.

La vida no es siempre lo que pensamos que va a ser. Mi esposo me había abandonado, emocionalmente y también físicamente. El divorcio nunca se había cruzado por mi mente; después de todo, yo era cristiana y nuestros votos nupciales decían: "hasta que la muerte nos separe". Los pactos pueden ser rotos. Se necesitan dos personas para edificar un matrimonio.

Tenemos la opción de quitar, eliminar y librarnos del viejo modo de pensar. De quitarnos las ropas equivocadas. La sanidad es un proceso. Da la bienvenida a una mentalidad nueva. Primero, toma la decisión de cambiar, y después di en voz alta un versículo de la Biblia que se aplique a tus circunstancias.

Mi versículo para aquella situación fue Jeremías 29:11 (NTV): "Porque yo sé muy bien los planes que tengo para ustedes —afirma el Señor—, planes de bienestar y no de calamidad, a fin de darles un

---

Las palabras que declaras formulan tu mundo.

---

futuro y una esperanza". Escribí esas palabras en una tarjeta y la puse en la puerta del refrigerador.

Debemos entender que nuestras palabras son importantes. El libro de Génesis habla de que Dios creó el universo con sus palabras. Génesis 1:3 dice: "Entonces dijo Dios: Que haya luz; y hubo luz".

Somos creadas a su imagen, a su semejanza, y nosotras creamos y moldeamos nuestro mundo con nuestras palabras. La atmósfera que produces comienza con tus pensamientos. Entonces tus pensamientos se convierten en tus palabras. En lugar de solamente leer, declara en voz alta esos versículos de la Biblia que tienes en el refrigerador, en el espejo o en el teléfono celular. Recuerda: las palabras que declaras formulan tu mundo.

CUATRO TIPOS DE DECLARACIONES QUE ELIMINAR DE NUESTRAS VIDAS

Hay al menos cuatro áreas que tienen que ver con nuestras palabras y de las que debemos librarnos si queremos ser moldeadas a imagen de Dios.

> *Pero ahora **abandonen** también todo esto: enojo, ira, malicia, calumnia y lenguaje obsceno. Dejen de mentirse unos a otros, ahora que se **han quitado** el ropaje de la vieja naturaleza con sus vicios, y se **han puesto** el de la nueva naturaleza, que se va renovando en conocimiento a **imagen** de su creador." [emphasis mine here and in all other Bible citations in the book where some words appear in bold].*
>
> —Colosenses 3:8-10 (NVI)

1. **Mentira**—"Dejen de mentirse unos a otros". La mentira crea división y falta de confianza. Si has metido la pata, simplemente dímelo pero no me mientas. Mi primer esposo era un mentiroso crónico. A mí siempre me enseñaron a pensar lo mejor de alguien, a creer que dice la verdad. Bueno, aprendí que no siempre es ese el caso.

2. **Chismes y calumnia**—Chismes y calumnia. Proverbios 16:28 (NVI) dice: "el chismoso divide a los buenos amigos". El rumor es común. Veamos el número de revistas, programas de televisión e historias en el Internet sobre rumores. El chisme y la calumnia son abundantes, tal como al diablo le gusta.

3. **Queja**—La queja también se conoce como *murmuración*. Cuando murmuras, se abre una grieta en el vallado de seguridad que te rodea. Como cristianos, vivimos bajo la protección de Dios, bajo su paraguas; pero es territorio peligroso si sigues quejándote. La queja crea una grieta en el muro de protección que te rodea, y esa apertura permitirá la entrada a la maldad. Números 12:1 dice que la queja es una forma de murmuración, y 1 Samuel 15:23 (RVR-60) dice: "como pecado de adivinación es la rebelión".

4. **Charla excesiva**—Proverbios 17:27 (NVI) dice: "El que es entendido refrena sus palabras". Proverbios 10:19 en la Nueva Traducción Viviente dice: "Hablar demasiado conduce al pecado. Sé prudente y mantén la boca cerrada". Conozco a personas que hablan mucho. Quieren contarte todos los detalles. Por lo general, son las mujeres quienes hablan; pero los hombres también pueden hablar mucho. Echa la cremallera a tus labios. Cuando hayas dicho lo suficiente, detente.

De estos cuatro puntos negativos relacionados con la comunicación, mi debilidad solía ser la queja: "¿Por qué me sucedió esto? No hice nada erróneo. No me merecía esto". Sin duda, aún me sigo quejando, como cuando hay demasiado tráfico, lo cual sucede con frecuencia en el sur de California donde yo vivo.

Solía quejarme porque no me gustaban ciertos tipos de comida o la climatología. "Hace demasiado frío" o "Hace demasiado calor". A veces sigo siendo como el cuento de hadas de la Princesa y el Guisante, a quien le gusta todo tal como está. Yo tengo un nivel de comodidad de cinco grados. Muy bien, quizá de diez grados.

Estoy trabajando en decir siempre cosas positivas y evitar la tendencia a murmurar. Tengo muchas cosas por las que estar agradecida. Todos las tenemos.

Sé agradecida por lo que tienes, por las muchas bendiciones que has recibido. Ten una actitud de gratitud. Ten un corazón agradecido. Pasar tiempo en la presencia del Señor te hará apreciar las cosas. Adora a Jesús, y permite que el Espíritu Santo te hable. Él te mostrará en la Biblia las grandes cosas que Jesús ha hecho por ti. Hacer esto sanará tu corazón. La gratitud surgirá de lo más profundo de tu ser por medio de tu voz en alabanza. Lo erróneo será eliminado.

CAPÍTULO 2
Limpiada en el spa del cielo

"Purifícame con hisopo, y quedaré limpio;
lávame, y quedaré más blanco que la
nieve."
Salmos 51:7 (NVI)

Cuando has desechado la ropa vieja y te has librado de tu mentalidad del pasado, es el momento de ser limpiada. ¿Te gusta ir al spa? A mí sí. No voy con mucha frecuencia, pero cuando está planeado anticipo con alegría ese día asombroso. Un día de spa es un tiempo para rejuvenecer, relajar y restaurar el cuerpo. Fuentes de aguas que fluyen te rodean como el agua viva que fluye del Trono de Dios para restaurar tu alma.

Puedes pasar un día de spa en casa.

No tienes que ir a un spa; puedes pasar un día de spa en casa.

En primer lugar está la limpieza facial. Limpiar la piel con un limpiador hidratante es la mejor manera de comenzar. Con los dedos segundo, tercero y cuarto de cada mano utiliza un movimiento circular para penetrar las capas externas de la piel. El procedimiento siguiente es exfoliar, el proceso de limpiar con una preparación cosmética granular con serum o loción para eliminar las células muertas de la superficie de la piel.

Exfolia el cuerpo entero en tu bañera al menos una vez al mes.

Cuando estás en la presencia del Señor, las células muertas son eliminadas de tu vida. Oseas 10:12 dice: "¡Siembren para ustedes justicia! ¡Cosechen el fruto del amor, y pónganse a labrar el barbecho!

¡Ya es tiempo de buscar al Señor!"

Romper la tierra endurecida quizá sea un poco extremo, pero un corazón endurecido o terreno duro es lo que nos impide absorber la Palabra de Dios. El propósito es exfoliar el alma para poder tener un corazón limpio.

Para santificarla, habiéndola purificado en el lavamiento
del agua por la palabra, a fin de presentársela a sí
mismo, una iglesia gloriosa, que no tuviese mancha ni
arruga ni cosa semejante, sino que fuese santa y sin
mancha.

—Efesios 5:26-27 (RVR-60)

Exfoliación es renovación. Toma solamente unos pocos días que las células de la piel se acumulen de nuevo. Una exfoliación diaria suave eliminará las actitudes mundanas y las palabras equivocadas que se han pronunciado. Sustituye esas decepciones por la lectura y la declaración de las promesas de Dios. Levanta tus manos, cierra tus ojos y adora a Jesús.

A continuación, pon sobre tu rostro una toalla calentita y húmeda. Esto abre los poros de la piel para recibir los nutrientes de la mascarilla. Este producto por lo general está fabricado con arcilla.

Hablando espiritualmente: "¡mi juventud se renueva como la del águila!" (Salmos 103:5, NTV). Tu espíritu, alma y cuerpo son renovados cuando pasas tiempo en la presencia del Espíritu Santo.

Cuando la limpieza facial esté completa, puede seguir un masaje corporal. La presión terapéutica de los músculos por parte de un profesional entrenado relaja la tensión y tirantez de los músculos. También se liberan toxinas, así que hay que beber bastante agua después.

Ahora sumérgete en una bañera con agua extra caliente y burbujeante para soltar aún más los nudos en tus músculos. La relajación calmará también tu mente.

Cuando has sido hecha libre de la mentira, el chisme y la queja, tu mente puede relajarse. Ya no tendrás que recordar las mentiras que dijiste o con quién chismeaste y sobre qué. Cuando tu mente se relaja, tu cuerpo hará lo mismo.

Cuando Jesús se despertó, reprendió al viento y dijo a las olas: «¡Silencio! ¡Cálmense!». De repente, el viento se detuvo y hubo una gran **calma.**

—Marcos 4:39 (NTV)

La relajación continuada sucede en la sauna, donde el calor húmedo limpia la piel aún más profundamente para eliminar más toxinas. La mentira, el chisme y la queja son toxinas. Respira hondo; exhala lentamente por la boca. Suelta el estrés en tu vida. Suelta las distracciones del día. Enfócate en estar en el spa del cielo. Sé renovada y vigorizada.

LA REINA ESTER FUE LIMPIADA EN EL SPA DEL CIELO

La reina Ester en el Antiguo Testamento se preparó durante un año antes de entrar en la presencia del rey por primera vez (ver Ester 2:12-16). Se dejó tratar con muchas cremas emolientes, lociones corporales, pedicuras, manicuras y limpiezas faciales. Pasó los seis primeros meses de tratamiento usando aceite de mirra para suavizar y acondicionar su piel y conseguir que fuera lisa y elástica.

La mirra fragante aviva el amor. Ester se empapaba diariamente en amor.

Cuando tomas tiempo diariamente para leer la Palabra de Dios, declarar las promesas, orar y adorar, te estás empapando en el amor de

Permite que Jesucristo lleve tus cargas.

Dios. Él *es* amor (ver 1 Juan 4:16). Cuando entiendas cuánto te ama tu Abba Padre, te sentirás contenta y en paz. Sabrás que el Padre está cuidando de ti.

No tenemos que cargar el mundo sobre nuestros hombros. No fuimos hechas para hacer eso. Permite que Jesucristo lleve tus cargas, tus tristezas y tu dolor. Él hizo eso por nosotros en la cruz, y también llevó nuestros afanes, ansiedades y dolores, tanto físicos como emocionales.

Un corazón humilde y agradecido te permitirá arrodillarte a los pies de la cruz. Sumérgete en la bañera caliente de la presencia del Espíritu Santo. Adorar a Jesús permite que tu espíritu se empape en su gloria. Tener un espíritu tierno hace que sea fácil recibir su amor.

En el agua caliente natural, los aceites penetran en la piel dejándola suave y flexible. En mi despacho en casa me gusta poner música de alabanza y adoración y caminar por la habitación, orando en mi lenguaje celestial, declarando las promesas de Dios para respaldar lo que estoy orando en el mundo natural. Digo en voz alta muchos versículos de la Biblia cada día para renovar mi espíritu.

Empaparnos en la presencia de Dios permite que el aceite del Espíritu Santo suavice nuestro corazón. Me tomó mucho tiempo llegar hasta este lugar, pero ahora no puedo vivir sin pasar tiempo en el spa del cielo.

Dios es tan grande, que no podemos comprenderlo;

tampoco podemos contar sus años. Él recoge en un

depósito las gotas de agua, y luego las convierte en

lluvia.

—Job 36:26-27 (MSG)

Sé limpiada, y purifica tu corazón. Ya no más aflicción, dolor o preocupación. Ya no tienes que guardarlo y lidiar con ello tú sola. Cuando Jesús murió, dijo: "Consumado es". Fue declarado el veredicto final.

De qué tienes que preocuparte? De todos modos no puedes hacer nada al respecto, ¿no es cierto? Suéltalo, y deja que Jesús lo tenga. Él obrará muy por encima de lo que podríamos pedir o imaginar.

Jesús hizo todo esto para que pudieras vivir libre de dolor. No quiso que te sintieras presionada, empujada y sacudida; en cambio, es su deseo que seas llena de gozo como la Novia de Cristo. Una novia se prepara para el asombroso día en el que estará casada con el hombre que ama. Su felicidad y gozo serán rebosantes. Es así como Jesucristo quiere que vivas tu vida cada día.

Igual que una novia está inmersa en el amor de su esposo, a Jesús le encanta que estemos inmersas en ese spa de su amor: su presencia. Su deseo es que permitamos que la Palabra de Dios penetre en nuestro espíritu y permitamos que esté listo para recibir una revelación nueva de quién es Él.

Acerquémonos con corazón sincero, en plena certidumbre de fe, purificados los corazones de mala conciencia, y lavados los cuerpos con agua pura.
—Hebreos 10:22 (RVR-60)

LIMPIA TU ESPÍRITU MEDIANTE LA PALABRA DE DIOS

Hablando sobrenaturalmente, eres limpiada y reavivada mediante la Palabra de Dios. Lee la Palabra. Memoriza la Palabra. Declara la Palabra. La Biblia es el fundamento de quién eres tú. Ese es el cinto de la verdad. Jesús es la verdad. Él dijo en Juan 14:6: "Yo soy el camino, la verdad, y la vida...".

Cuando memorizas la Palabra de Dios, tienes sus promesas escondidas en tu corazón para que cuando las necesites, lleguen a tu espíritu y así puedas declararlas. Es como esa espada de doble filo en Efesios 6:17 que dice: "la espada del Espíritu, que es la palabra de Dios". Es esa Palabra de Dios declarada la que llega a tu corazón y sale por tu boca. De ahí viene el verdadero poder de Dios.

Declarar las promesas de Dios de la Biblia es lo que necesitas mientras estás en la tierra. Cuando estés en oración, imagina estar en el tribunal del cielo. El diablo es el acusador, y Jesús es el Mediador. Presenta tu caso ante el Juez (Dios) con evidencia de la Escritura. ¿Cómo sabemos que hay un tribunal en el cielo? Daniel 7 habla de que Daniel tenía visiones nocturnas y vio el tribunal del cielo.

Estuve mirando hasta que fueron puestos tronos, y se sentó un Anciano de días, cuyo vestido era blanco como la nieve, y el pelo de su cabeza como lana limpia; su trono llama de fuego, y las ruedas del mismo, fuego ardiente. Un río de fuego procedía y salía de delante de

él; millares de millares le servían, y millones de millones

*asistían delante de él; el **Juez** se sentó, y los libros fueron*

abiertos.

—Daniel 7:9-10 (RVR-60)

Tú y yo debemos aprender a ejecutar el veredicto declarando las promesas de la Biblia en cada situación. Esto se hace en el tribunal del cielo. Está escrito en Gálatas 3:13 que Cristo nos ha redimido de la maldición de la ley. Ese es un veredicto reiterado por el apóstol Pablo. Cuando declaramos ese versículo, estamos declarando evidencia de que se nos ha dado ese veredicto, el cual es ejecutado cuando declaramos las promesas de Dios. Alabar a Dios y clamar en el tribunal del cielo es como hacemos nuestras peticiones. Es donde oramos por nosotras mismas y por otros. Es donde la victoria está asegurada.

Cuando yo termino de declarar las promesas de la Biblia y alabar a Dios, me sentaré y me aquietaré delante del Señor para poder escuchar al Espíritu Santo. Adoraré y/o cantaré suavemente o estaré en silencio. Yo llamo a eso entrar en el lugar santo. La resiliencia total sucede en ese lugar.

El lugar santísimo es un lugar de completo respeto y reverencia. Esta es una postura en el Espíritu Santo que resulta cuando hemos estado adorando y meditando en la Palabra de Dios. Ya no presentamos nuestras peticiones de oración; estamos ahí solo para escuchar y disfrutar la presencia de Jesús. Yo no soy capaz de ir allí a menudo porque me distraigo con pensamientos sobre lo que hay que hacer ese día. A veces es difícil estar tranquila, pero mi deseo es estar ahí.

Sin ninguna duda, yo quiero ser más como María que como Marta. Lucas 10 menciona a dos hermanas que amaban profundamente a Jesús mientras Él caminó sobre esta tierra. Marta era una servidora y muy práctica a la hora de presentar su hogar y su comida para ocasiones especiales. Como contraste, su hermana María se sentaba a los pies de Jesús mientras Él enseñaba la Palabra de Dios. No quería que la molestasen con los problemas cotidianos. Desde luego, necesitamos en nuestra vida ambiciones del tipo de María y también del de Marta.

El spa del cielo es un lugar en la presencia de Dios para prepararte para el viaje que Él ha diseñado para ti. La preparación puede tomar

Tu tiempo no es el tiempo de Dios.

mucho tiempo. No puedo imaginar ir a un spa cada día durante un año, como hizo la reina Ester. Ella se preparó para encontrarse con el rey. Veamos lo que consiguió porque fue guiada por el Espíritu Santo, aunque ella no fue consciente de ello: el pueblo judío fue salvado de la extinción. Debido a la obediencia de la reina Ester, Jesús el Mesías nacería finalmente de linaje judío.

Cuando obedecemos la voz del Espíritu Santo y lo adoramos, nuestros libros en el cielo son abiertos. Esos libros tienen nuestro nombre en ellos. Nuestro destino, escrito en esos libros, es revelado. No mires atrás y te desalientes porque aún no has alcanzado tus metas y sueños. Tu tiempo no ha sido malgastado.

Todo lo que has pasado, sea bueno o malo, tiene intención de convertirte en la persona que Dios diseñó para su honor y gloria. Tu tiempo no es el tiempo de Dios. Isaías 55:8 nos dice: "Porque mis pensamientos no son vuestros pensamientos, ni vuestros caminos mis caminos", dice el Señor. No siempre lo entenderás, pero no dudes..

Confía en el Señor con todo tu corazón; no dependas de tu propio entendimiento. Busca su voluntad en todo lo que hagas, y él te mostrará cuál camino tomar.

—Proverbs 3:5-6 (TPT)

EL CAMBIO TOMA TIEMPO

En 2003 tomé un estudio bíblico titulado "Estudios por palabras interminables", de la Dra. Mary Giangreco. Durante ese programa de dos años aprendí a estudiar la Palabra de Dios y por qué es importante ser un estudiante serio. Aprendí a escribir un diario. Aún sigo anotando los pensamientos e ideas inspirados por Dios que llegan a mi mente.

Hablamos de cómo hacer un estudio por palabra, un estudio detallado, un estudio de personajes, y un estudio de ensayo.

Cuando me metí en ello, cada vez quería más de la Palabra. Aprendí a usar la *Concordancia Strong's* para buscar la versión hebrea o griega de las Escrituras y sumergirme en el significado de las palabras. Me gradué tras completar un ensayo sobre el libro de Amós.

Escogí Amós porque era un profeta menor en el Antiguo Testamento, y era un libro breve. Pero descubrí que en ese libro había mucho más de lo que yo pensaba.

Tras graduarme, pensé que estaba preparada para ser oradora, para escribir un libro, para viajar por el mundo compartiendo el amor de Jesucristo, y más cosas. Pero eso fue hace mucho tiempo. Tiempo y preparación y, ah, sí, la vida, se interpusieron en el camino. Tal vez estaba preparada en muchos aspectos para ser una oradora, y sí que di algunas conferencias, pero necesitaba sanidad interior de la amargura y las decepciones. Necesitaba crecer y madurar.

Nunca renuncies a tus sueños. No estás malgastando tu tiempo.

El cambio normalmente no sucede en un instante. A menudo, en esta época de comida rápida, supermercados, y envíos en el mismo día, obtenemos lo que queremos rápidamente. Pero cuando se trata de ascensos en el trabajo, crecer en la fe, y sanidad emocional o física, el proceso normalmente toma más tiempo del que nos gustaría.

Haz lo que tengas que hacer en el mundo natural para alcanzar las metas que te has establecido. Un avance en el trabajo requiere mayores habilidades y un espíritu de excelencia. Prepararte para ser una modelo de moda requiere mucha práctica y preparación antes de un desfile de moda.

Te aliento a que te limpies en el spa del cielo diariamente a medida que te preparas para la pasarela de tu vida. Igual que Ester se preparó para encontrarse con el rey limpiando su cuerpo en el spa, límpiate diariamente en el spa de Dios para estar preparada para vivir de acuerdo al propósito de Dios. Limpiar tu espíritu, alma y cuerpo te prepara para el ascenso.

CAPÍTULO 3
De la esclavitud
a la victoria

"Pues no habéis recibido el espíritu de esclavitud para estar otra vez en temor, sino que habéis recibido el espíritu de adopción, por el cual clamamos: ¡Abba, Padre!"
Romanos 8:14-15 (RVR-60)

Para recorrer la pasarela de la vida con valentía y seguridad, ya sea en la industria de la moda o en nuestras vidas diarias, debemos ser libres de la esclavitud, o de la unión a cosas que nos separan de nuestro caminar con Dios. Tener una victoria es un proceso, muy parecido a como la preparación es un proceso. Cuando necesitas una victoria, es porque la esclavitud te tiene atascada.

Dios nos ha formado para caminar con poder, amor, y dominio propio. En 2 Timoteo 1:7 se nos recuerda que no se nos ha dado un espíritu de cobardía. La timidez evita que caminemos con la cabeza alta y un pie delante del otro. La aprensión puede hacer que vayamos con los hombros caídos y apagar la chispa en nuestra mirada. Por eso es importante: aprende a caminar en libertad.

Yo creo que el espíritu de esclavitud es el arma demoniaca más fácil y más engañosa que hay. Por lo general, estar limitada de este modo no te agarra de la noche a la mañana. En cambio, la trampa se irá acercando lentamente a ti como si fuera una serpiente, el espíritu de una pitón que intenta dejarte sin vida. La esclavitud evitará que quieras salir de tu zona de confort y hacer lo que Dios te ha llamado a hacer para su reino.

LA ESCLAVITUD EMOCIONAL COMIENZA CON FRECUENCIA EN LA NIÑEZ

La esclavitud emocional llega en muchos tipos y grados. Puedes estar limitada por muchas razones. Esas cosas que te mantienen encarcelada son físicas, emocionales, o ambas. Podrías tener inseguridades que surgen del dolor del rechazo o el abandono. La mayoría de las veces, la esclavitud emocional comienza en la niñez, cuando tus padres tienen

---

Las inseguridades vienen del rechazo.

---

el mayor poder e influencia sobre ti. Generalmente, ellos hacen lo que saben hacer, y probablemente lo hicieron lo mejor que pudieron para criarte. Pero tristemente, en muchos casos, los niños son ignorados, abandonados o abusados. Si has experimentado estas circunstancias devastadoras, mi corazón se compadece.

Los sentimientos de rechazo y abandono pueden ser intensos. El rechazo puede adoptar la forma de ser acosado por otros niños en la escuela o que tus padres se divorcien. Sea el rechazo real o solamente percibido, el daño emocional es el mismo.

El abandono es físico o emocional. El abandono físico es cuando un padre o madre se va permanentemente de la casa. El abandono emocional es cuando seres queridos no están a tu lado cuando sufres. Podrían no estar tampoco a tu lado cuando eres feliz. El resultado es inseguridad y una sensación de ser inadecuada.

Eso me sucedió a mí. Mi papá era médico y siempre estaba en la sala de urgencias o en la oficina. Llegaba a casa muy tarde en la noche cuando yo ya estaba en la cama. En la mañana, yo me levantaba y salía a la escuela y tampoco lo veía entonces.

A menudo, cuando somos jóvenes no nos damos cuenta de lo que estamos perdiendo. Sencillamente hacemos lo que hemos hecho siempre y aceptamos como normal el tener un papá o una mamá ausentes. Mi papá era un cristiano maravilloso que amaba a la familia y proveía para ella, pero no sabía cómo relacionarse con sus hijos. Yo no llegué a conocer a mi papá hasta que tuve dieciséis años y tomé una clase de biología. Estudiábamos juntos ciencias; él me ayudaba con esa materia porque la conocía muy bien. Reíamos juntos y creamos vínculos como padre e hija (y sí, saqué un "sobresaliente" en esa clase).

Una década después, mientras estaba casada con mi primer esposo, trabajaba en la consulta médica de mi papá haciendo trabajo de oficina. Anteriormente había trabajado en la consulta de otro médico, así que sabía qué hacer. Papá me entrenó para hacerme cargo de las tareas que había que hacer en su consulta.

Mi papá y yo tuvimos una relación de trabajo estupenda. Finalmente, pude llegar a conocerlo y entenderlo. Él me enseñó el protocolo médico para la consulta y cómo leer una imagen de resonancia magnética cervical y lumbar. Después me pedía que leyera la resonancia de otro paciente, diagnosticara la enfermedad del paciente, y le dijera por qué llegué a esa conclusión. Él decía que yo era inteligente y que podría ser neurocirujana si yo quería. Yo esperaba con alegría nuestra charla e interacción. Siempre me refería a él como "Doctor" en la consulta. Lo hacía tantas veces que cuando estábamos en un contexto familiar, me seguía refiriendo a él como "Doctor" en lugar de "Papá".

Yo fui afortunada. Pero muchas personas no lo son.

Lo que es peor que un padre que no está a tu lado emocionalmente es no tener un padre, ya sea por divorcio o por muerte. El divorcio es difícil de aceptar. La muerte es definitiva.

De modo similar, puede ser dañino emocionalmente tener una mamá que esté tan enfocada en la vida y el trabajo que no esté ahí a tu lado. Las mamás que trabajan fuera de casa no tienen otra opción sino la de dejar a sus hijos con una cuidadora o en un programa extraescolar. Lo sé. Yo tuve que hacer eso con mi primer hijo.

El abandono es real. Cuando una madre tiene que dejar a su hijo en la guardería, el niño lo percibe como abandono. Debe derramarse mucho amor sobre ese pequeño para que él o ella no se sienta rechazado.

Yo me gradué de la universidad con una licenciatura en Humanidades. Redacté una tesis sobre el desarrollo de la autoestima en los niños. Un conocimiento del desarrollo psicológico es imperativo para criar a un hijo; creo que debería ser un curso requerido en la universidad para preparar a futuros padres y madres. En las universidades aprendemos todo lo que necesitamos para comenzar una carrera pero nada sobre cómo criar a un niño.

LA ADICCIÓN ES ESCLAVITUD

Otra forma de esclavitud es la adicción, que es una acción repetitiva

---

Las adicciones son psicológicas en naturaleza.

---

que puede evitar que pongamos a Dios en primer lugar en nuestra vida. Simplemente estar demasiado ocupados con la vida, los hijos, las tareas, deportes, etc., puede ser una forma de adicción. Otras adicciones más intensas incluyen alcohol, drogas, sexo, juego, e incluso avaricia y poder.

La adicción puede ser algo tan aparentemente inocente como utilizar en exceso Facebook y otras redes sociales. Yo soy culpable de esa. A veces me pasaré una hora en Facebook cuando debería estar usando ese tiempo para leer, orar, o tener una conversación con una amiga.

Las adicciones son psicológicas en naturaleza. La psicología se relaciona con la mente al igual que con las emociones.

¿Cómo eliminas de tu vida adicciones y esclavitud? En primer lugar, líbrate de todo trauma del pasado en tu vida, a pesar de cuánto tiempo haya transcurrido desde que sucedió. Después, ten a alguien que ore por ti y que crea en el poder de la oración en el nombre de Jesús para quitar el espíritu de tu trauma del pasado.

Como creyentes en Jesús, necesitamos tener el deseo de poseer la mente de Cristo. No deberíamos permitirnos a nosotras mismas ser esclavizadas por pensamientos equivocados. Por fortuna, podemos ser liberadas de todo trauma. A menudo, nuestra primera reacción es quedarnos en lo negativo, pero si nos enfocamos en la bondad de Dios, nos proporcionará una perspectiva positiva de la vida.

Jesús llevó una corona de espinos para que nosotras pudiéramos llevar la corona de justicia. Jesús puede aplastar nuestra angustia mental, esos pensamientos que destruyen nuestra paz y dominio propio. El modo de librarnos de la esclavitud y experimentar una victoria total es aprendiendo el dominio propio.

*Porque no nos ha dado Dios espíritu de **cobardía**, sino de poder, de amor y de **dominio propio**.*

—2 Timoteo 1:7 (RVR-60)

LOS PENSAMIENTOS NEGATIVOS NOS MANTIENEN EN ESCLAVITUD

Permitir que jueguen en tu mente pensamientos negativos una y otra vez te mantendrá en esclavitud. Dar vueltas a las cosas equivocadas puede ser también adictivo. Los PNA (pensamientos negativos automáticos) son esos pensamientos continuos e interminables que implican cosas como preocupación y desesperanza, lo cual conduce a opresión y depresión.[1] Si no son detenidos, ese camino puede conducir a pensamientos de suicidio.

No estás sola. No te aísles. Es ahí donde el enemigo quiere mantenerte. En 1 Pedro 5:8 (NTV) leemos: "¡Estén alerta! Cuídense de su gran enemigo, el diablo, porque anda al acecho como un león rugiente, buscando a quién devorar".

El único propósito del enemigo es derrotarte para que no estés disponible para cumplir tu propósito para el reino de Dios. Cuando eres consumida por la preocupación, no eres ninguna amenaza para el diablo y sus secuaces. El enemigo no quiere que camines erguida sobre la pasarela con libertad y seguridad. Una victoria no es una opción en ese punto a menos que tengas el poder de Dios para hacerte libre. Es ahí donde tomas el control de tus pensamientos. Descubre cómo "Destruimos argumentos... y llevamos cautivo todo pensamiento para que se someta a Cristo" (2 Corintios 10:5).

¿Cómo podemos agarrar un pensamiento negativo cuando no tiene sustancia? Yo solía hacerme esa pregunta con frecuencia.

No hace mucho tiempo tuve la oportunidad de probar lo que significaba el versículo de Corintios. Me enteré de una noticia devastadora sobre la que yo no pude hacer nada: mi amiga murió en un

---

1   Daniel Amen, MD, "Transform Your Thoughts—9 'Species' of ANTs", The Daniel Plan, www.danielplan.com/blogs/dp/transform-your-thoughts---9-species-of-ants/.

accidente de tráfico. Aunque no éramos muy íntimas, mis pensamientos no dejaban de darle vueltas a la situación.

Yo creaba escenarios sobre cómo podría arreglar la situación, lo cual yo no podía hacer. Después seguí doliéndome y me hundí en la depresión. Entonces me acordé de ese versículo sobre destruir pensamientos negativos. Hablé sobre ello con Jesús, saqué de mi mente esos conceptos mentales, se los entregué a Él y dije: "Llevo cautivos estos pensamientos y los hago obedientes a Cristo. Ocúpate tú de ellos. Te los entrego todos a ti. Me niego a estar deprimida porque esa es otra mentira del enemigo".

Cuando esos pensamientos ilógicos comenzaban a colarse de nuevo, yo decía: "No, ya agarré ese pensamiento. Ya te lo he entregado a ti, Jesús". Entonces me enfocaba en otra cosa.

Esta conducta requiere disciplina, pero podemos hacerlo. Sabes que esos sentimientos se acercarán a ti sigilosamente cuando vuelvas a pensar en una situación. Cada vez que esas emociones comiencen a acumularse, detenlas. Solamente tú tienes la autoridad. Pero cuando tengas éxito en hacerlo, se producirá tu victoria.

Tan solo sé consciente del enemigo, que continuamente quiere hacerte descarrilar y sacarte de la pasarela. Debes ser libre de la esclavitud para así poder recorrer la pasarela de la vida con tu cabeza bien alta, sin culpabilidad ni vergüenza colgando sobre ti.

Ser liberada de la esclavitud a la victoria se trata de adoptar una nueva mentalidad. Cuando tienes la mente de Cristo, tus pensamientos cambian. Adoptas una perspectiva eterna. Aceptas la humildad y sueltas lo que ha estado obstaculizando tu destino. Suelta el orgullo, y deja de intentar arreglar las cosas por ti misma.

EL PERDÓN NOS LIBERA DE LA ESCLAVITUD

A pesar de cuán abatida estés en este momento debido a varias ataduras de la vida, has de saber que Dios tiene un plan perfecto para ti. Él tiene un plan de victoria, valentía y libertad.

La unción de Dios rompe la atadura y la esclavitud. La palabra "ungir" significa "frotar, untar". En Israel, los pastores ungían a sus ovejas con aceite para ahuyentar de ellas los insectos. Cuando eres ungida con el aceite del Espíritu Santo, los demonios huyen de ti. La unción aumenta cuando pasamos tiempo en su presencia, y es entonces cuando las ataduras son rotas y encontramos libertad en Cristo.

Cuando seas liberada de la esclavitud, tendrás una victoria; pero antes de que eso suceda, debes perdonar. ¿Recuerdas sobre qué escribí en el primer capítulo? El perdón es "el acto de excusar un error o una ofensa". Jesús dijo en Mateo 6:14:15: "Si perdonas a los que pecan contra ti, tu Padre celestial te perdonará a ti; pero si te niegas a perdonar a los demás, tu Padre no perdonará tus pecados" (NTV).

Si Él puede perdonarnos, nosotras podemos perdonar a otros. El perdón no es fácil, pero el Espíritu Santo vive dentro de nosotras. Por eso podemos perdonar.

El perdón es el catalizador para una victoria, que puede ser

El perdón es el catalizador para una victoria.

---

espontánea o llegar en incrementos. Quitar de tu vida capas de dolor e inseguridad es normalmente un proceso. Si fueras liberada totalmente de todo sufrimiento, tristezas y dolor emocional al mismo tiempo, tu mente no sería capaz de manejarlo. ¿Es eso posible? Sí, pero eso no es la norma. Debes declarar diariamente que has sido liberada de la esclavitud y que ha llegado la victoria.

Di en voz alta: "La victoria me pertenece".

Decimos eso no porque intentemos escondernos de la realidad, sino porque caminamos por fe y no por lo que vemos con nuestros ojos (ver 2 Corintios 5:7). Tal vez aún estés esperando tu victoria, pero la verdad es que Jesús ya ha reclamado la victoria porque Él es la verdad (ver Juan 14:6). Él reclamó la victoria debido a la cruz.

El Espíritu Santo es el Dios de la victoria. Experimentar un giro te dará consuelo al saber cuánto te ama Dios. Recorrerás la pasarela con valentía y seguridad.

CAPÍTULO 4
Ilumina tu identidad

"Alumbrando los ojos de vuestro entendimiento, para que sepáis cuál es la esperanza a que él os ha llamado, y cuáles las riquezas de la gloria de su herencia en los santos, y cuál la supereminente grandeza de su poder para con nosotros los que creemos, según la operación del poder de su fuerza, la cual operó en Cristo, resucitándole de los muertos y sentándole a su diestra en los lugares celestiales".

Efesios 1:18-20 (RVR-60)

¿Qué te hace única? ¿Con quién te identificas? ¿Con tu familia? ¿Con tus hijos? ¿Con la universidad de la que te graduaste? ¿Con tu carrera? Todas estas cosas contribuyen a tu personalidad y a lo que te hace ser quien eres.

La identidad se trata de conocer esas características y rasgos de personalidad únicos que te pertenecen solamente a ti. También debes saber quién eres como creyente en Jesucristo. Fuimos compradas por un precio: Jesús murió en la cruz por tus pecados y los míos. Ahora has sido reconciliada y restaurada ante Dios debido a lo que hizo Jesús. Tu posición en el reino de Dios es que estarás sentada con Él en el cielo. No entenderás dónde encajas en su plan a menos que sepas en tu corazón que eres una hija de Dios. Cuando seas consciente de ese hecho, estarás de camino hacia entender tu llamado en el cuerpo de Cristo. Pregunta a Dios cuál es tu *raison d'etre*, tu razón para vivir. La vida es demasiado corta para adivinar cuál es tu propósito.

Tu "identidad en Dios" tiene que ver con tu consciencia de que te convertiste en una hija de Dios. Naciste de nuevo en su reino cuando pediste a Jesús que fuera el Señor y Salvador de tu vida. Tu nueva vida en Cristo no se trata de ti; se trata de quién es Jesús y lo mucho que te ama el Padre.

En su libro *The Bondage Breaker* (El rompedor de ataduras), Neil Anderson dice: "*No* es lo que hacemos lo que determina quiénes somos. Es quiénes somos lo que determina lo que hacemos".[1] En la cultura

---

1   Neil Anderson, The Bondage Breaker (Eugene, Oregon: Harvest House Publishers, 2005).

actual, muchos niños no tienen un padre o una madre que los trate del modo que Dios desea.

Vivimos en un mundo caído en el cual la vida no es perfecta, tal como Dios diseñó que fuera. A los niños que crecen sin saber lo que es un verdadero padre o que sufren abuso a manos de un padre les resulta difícil identificarse con un Padre celestial amoroso. Es difícil confiar en tu Papá divino cuando tienes miedo a tu papá natural o él no está ahí a tu lado.

Si te hicieras una idea de lo mucho que te ama tu Abba Padre, no te preocuparías ni tendrías tanta ansiedad en tu vida con respecto a los retos que enfrentas. Tan solo dile a Él: "Dios Padre, sé que tú tienes el control y estás cuidando de mi vida. Confío en tu amor porque tu Palabra dice en 1 Juan 4: 'Dios **es** amor'."

*Pero Dios, que es rico en misericordia, por su gran **amor***

por nosotros...

—Efesios 2:4

NO PERMITAS QUE LA INSEGURIDAD SEA TU IDENTIDAD

Yo me crié siendo tímida e insegura. Antes de que falleciera mi mamá, supe que su padre había muerto durante una epidemia de gripe cuando ella tenía dos años. Ella nunca creó vínculos con su padrastro, de modo que no se crió con una imagen positiva de un padre. En cambio, creció con una sensación de inseguridad. Y me la transmitió a mí. Borra la inseguridad de tu vida. La inseguridad es como llevar puesta ropa

El espíritu de rechazo y abandono te oprime.

que es anodina, aburrida y que no combina bien. El espíritu de rechazo y abandono te oprime y te mantiene enfocada en ti misma. Satanás hace eso para evitar que conozcas tu identidad y tu destino en Dios. De ese modo, puede mantenerte callada y detenida.

Capas de inseguridad han caído y siguen cayendo de mí a medida que sigo adelante con mi vida. En años recientes he vislumbrado cuánto me ama Dios Padre. Como sé que soy amada, puedo hacer lo que Él me ha llamado a hacer. No soy nada sin Él, pero lo soy todo en Él.

Ahora puedo recorrer la pasarela del diseño de Dios vestida para el éxito y moldeada a su imagen. Es mi deseo que a medida que sigas leyendo este libro entiendas tu valor.

Yo solía acobardarme cuando mi primer esposo me decía: "No eres otra cosa sino una diana en una tienda de cerámica". Ese era su modo de decir que yo era torpe e impredecible. Ya no estamos casados. Ahora sé que mi Padre Dios y mi esposo actual me aman. Sé que tengo valor.

Ahora tengo seguridad en la mujer que fui creada para ser.

Aprende cuál es tu identidad. Conoce quién eres en Cristo. Entiende que Jesús vino a cumplir la ley y se convirtió en tu nueva identidad. Estamos *en* Cristo como creyentes nacidas de nuevo. Descubre la herencia que Él tiene para ti.

Ser amada por Dios crea seguridad. Cuando lees y estudias la Biblia, aprendes quién eres ante los ojos de Dios. Jesús es la Palabra. Medita en sus promesas. Escríbelas, memorízalas, y dilas en voz alta. Él está sentado a la diestra de Dios, intercediendo constantemente en oración por nosotros.

Cristo Jesús es el que murió, e incluso resucitó, y está a la derecha de Dios e intercede por nosotros.

—Romanos 8:34

Saber que Jesús está orando por nosotros nos da seguridad. Esa promesa también debería liberarnos del afán y la ansiedad porque sabemos lo mucho que somos amadas.

DIOS NOS CREÓ A SU IMAGEN

Piensa en una modelo que desea ponerse ropa de su diseñador favorito para un próximo desfile de moda. Tiene muchas ganas de que llegue el gran evento. Quizá preguntó a la coordinadora general de vestuario si podría llevar los diseños más nuevos de Chanel. ¡Casi no puede esperar!

Entonces llega el gran día. Ella llega al desfile muy temprano. El camión que lleva toda la ropa llega a la puerta trasera para dejarla. Ella espera ansiosamente a que llegue la coordinadora de vestuario, y cuando ella llega, la modelo se acerca rápidamente para preguntar sobre ponerse sus vestidos preferidos. La coordinadora le dice a la modelo que mire el vestuario que está en las perchas en orden para el turno de cada modelo. La modelo encuentra su nombre y, sí, ella tiene cinco cambios de ropa... y se pondrá ropa de Chanel.

Dios, el Diseñador supremo, quiere darte los deseos de tu corazón; quiere darte su ropa para que la modeles en tu pasarela de la vida. Quiere que brilles para Él porque te ama. Tú lo representas a Él en la tierra. Él desea que camines con un espíritu de excelencia.

Tu talla no importa. Tu forma no importa. El color de tu piel no importa. Somos hijas de Dios, y todas nosotras somos hermosas ante sus ojos. Cuando Dios nos ve, no busca la perfección. Él busca su reflejo.

Aprende a confiar y obedecer. Recuerda que solo podemos caminar paso a paso. Confía en la fidelidad de Dios. Debido al Espíritu Santo, podemos amar a otras personas sin titubeos para que también ellos puedan conocer ese amor *extravagante*.

> *Vivan una vida llena de amor, siguiendo el ejemplo de*
> *Cristo. Él nos amó y se ofreció a sí mismo como sacrificio*
> *por nosotros, como aroma agradable a Dios.*
> —Efesios 5:2 (NTV)

¿Qué tiene que ver esto con tu identidad? Todo. Tu identidad está en Cristo porque eres formada a su imagen. Génesis 1:26 dice: "**Hagamos al ser humano a nuestra imagen**".

"Nuestra" se refiere al Padre, al Hijo y al Espíritu Santo. La Trinidad está compuesta por tres personas con tres personalidades pero son un solo Dios. Este concepto puede ser difícil de entender para nuestra mente finita.

Cuando eres íntima con Jesucristo y tienes una relación personal con Él mediante el Espíritu Santo, eres su favorita. Otra palabra para alguien que tiene favor es *gracia*.

Y ahora, hermanos, os encomiendo a Dios, y a la palabra de su gracia, que tiene poder para sobreedificaros y daros herencia con todos los santificados.

—Hechos 20:32 (RVR-60)

Santificar significa apartar, separar, purificar. Somos las "favoritas" de Dios cuando nos hemos apartado para su propósito, cuando estamos comprometidas con Dios al cien por ciento, a pesar de todo.

Habla con Él en todo momento durante el día, y pregunta al Espíritu Santo qué piensa Él que deberías hacer en una situación dada o si Él aprueba lo que estás vistiendo. ¿Es apropiado para la ocasión? Cuando tienes al Espíritu Santo en tu interior, conocerás su voz. Cuando declaras la Palabra, ángeles son enviados a ir y hacer lo que ha sido proclamado.

La oración eficaz del justo puede mucho.

—Santiago 5:16 (RVR-60)

DEJA QUE UNA RELACIÓN PERSONAL CON JESÚS DEFINA TU IDENTIDAD

Dios no nos creó para ser maniquíes. Él nos da la opción de seguirlo a Él o no. Igual que Él te ama, Él quiere que lo ames por tener una relación, no una religión.

La religión dice: "Haz esto o no hagas aquello, o tendrás consecuencias". La relación dice: "Como me amas y yo te amo, te honraré, Jesús, viviendo en obediencia según tu Palabra". En el Antiguo Testamento, a los israelitas se les ordenó: "Ama al Señor tu Dios con todo tu corazón y con toda tu alma y con todas tus fuerzas" (Deuteronomio 6:5). Lo único que tenían era la Ley de Moisés y los Diez Mandamientos.

Sin embargo, hoy los cristianos deberían amar al Señor Dios por tener una relación con Jesucristo. Él vino a cumplir la ley. Estamos en el nuevo pacto. La ley es nuestro fundamento, pero es la gracia la que nos cubre. La gracia es una Persona. La gracia es Jesús. "Porque por gracias sois salvos..." (Efesios 2:8, RVR-60). A medida que creces en el conocimiento de quién es Jesús, eres transformada continuamente a su imagen. Esa es tu identidad. Estás sentada con Cristo en lugares celestiales. Esa es tu posición.

TOMAR POSICIÓN EDIFICA TU IDENTIDAD

Ester estaba en el proceso de descubrir su identidad. Podría haber pensado que no era nada porque sus padres habían muerto cuando ella era pequeña y se quedó huérfana. Gracias a Dios por su primo Mardoqueo, quien se encargó de ella para criarla. De pequeña era una niña judía promedio que vivía en Persia. Un día, el rey Jerjes declaró que todas las jóvenes hermosas en el reino debían presentarse si deseaban ser consideradas para llegar a ser la nueva reina. Todas las mujeres consideradas dignas fueron llevadas al palacio para pasar por todo un año de tratamientos cosméticos de belleza antes de encontrarse con el rey.

Ester tuvo favor con Hegai, quien estaba a cargo del harén. Él le enseñó cómo caminar, hablar, vestirse y presentarse. Por lo tanto,

---

Ester se ganó el favor del rey y llegó a ser la reina Ester de Persia.

---

cuando ella conoció al rey supo qué decir; y el resto es historia. Ester se ganó el favor del rey y llegó a ser la reina Ester de Persia.

Si ahora te quedas absolutamente callada, de otra parte
vendrán el alivio y la liberación para los judíos, pero tú

y la familia de tu padre perecerán. ¡Quién sabe si no has

llegado al trono precisamente para un momento como este!

—Ester 4:14

La reina Ester le dijo al rey que el pueblo judío iba a ser aniquilado en unos días si él no intervenía. No solo eso, sino que era la mano derecha del rey, Amán, quien estaba planeando matar a los judíos.

Ester fue valiente durante la confrontación. Había estado en obediencia y preparación para que tuviera lugar ese asombroso enfrentamiento. Su identidad estaba establecida. Fue iluminada.

TU IDENTIDAD EN DIOS DETERMINA TU LLAMADO

En 1989 pasé por un divorcio de mi primer esposo porque él era gay y ya no quería seguir casado conmigo. Mientras sucedía todo aquello, yo me reunía semanalmente con una consejera de la iglesia a la que asistía. Ella me guió en un estudio bíblico examinando mi identidad posicional en Cristo. Recuerdo meditar en el Salmo 139, un buen capítulo sobre el hecho de que Dios conoce todo sobre cada una de nosotras.

¡Te alabo porque soy una creación admirable! ¡Tus obras

son maravillosas, y esto lo sé muy bien! Mis huesos no te

fueron desconocidos cuando en lo más recóndito era yo

formado, cuando en lo más profundo de la tierra era yo

entretejido. Tus ojos vieron mi cuerpo en gestación: todo

estaba ya escrito en tu libro; todos mis días se estaban
diseñando, *aunque no existía uno solo de ellos. ¡Cuán*
preciosos, oh Dios, me son tus pensamientos! ¡Cuán
inmensa es la suma de ellos!

—Salmos 139:14-17

Esa escritura me hizo sentir importante para Dios. Aunque mi esposo me estaba rechazando, Dios me mostró que Él me aceptaba, me amaba, y conoce cada detalle sobre mí. Mi identidad está en Cristo.

Desde aquel tiempo he conocido a un hombre maravilloso que me ama verdaderamente, y llevamos casados más de veintiséis años. Quiero alentarte a que no abandones nunca.

Dios tiene un plan maravilloso para tu vida. Él ya ha planeado tu destino. Todo se trata de obediencia al Rey Jesús. Te corresponde a ti escuchar al Espíritu Santo y prepararte para ello.

¿Cómo hacemos eso? Cada día, pasa tiempo con Dios. Me gusta abreviar eso a "TCD", y lo escribo en el calendario de mi teléfono celular. Mientras más leas y estudies la Palabra, más entenderás tu identidad.

Cada una de nosotras tiene un rollo o libro en el cielo que describe nuestro propósito e identidad. La adoración abre tu libro.

El mundo opera sobre la base de la identidad basada en el desempeño.[2]

---

2   "Performance-Based Self-Identity", Life Counseling Solutions, www. lifecounselingsolutions.com/2014/05/performance-based-self-identity.

Las identidades de las personas se enfocan en "quién soy yo y lo que hago". Si desempeñas bien, eres aceptada. Si fallas, te sentirás indigna. Esta mentalidad está basada en el perfeccionismo. O trabajas realmente duro para ser perfecta, o tienes temor al fracaso y, por lo tanto, evitas trabajar. Pero este enfoque en el yo nunca hará feliz a la persona.

Cuando sabes quién eres y conoces tu identidad en Cristo, descubrirás tu propósito y llamado. Sabrás que tienes valor porque sabrás que tu Abba Padre te ama y te acepta. Experimentarás gozo verdadero.

Tendrás valentía y confianza para recorrer la pasarela que Dios ha diseñado para ti. Ese diseño ya ha determinado tu destino. Lo único que necesitas es confiar en el Espíritu Santo para que te dé dirección e ilumine tu camino. Tu identidad es entonces iluminada.

CAPÍTULO 5
Fuera la culpabilidad, hecha añicos la vergüenza

"Ahora, pues, ninguna condenación hay para los que están en Cristo Jesús, los que no andan conforme a la carne, sino conforme al Espíritu".

Romanos 8:1 (RVR-60)

Todos en algún momento en sus vidas tienen que lidiar con la culpabilidad. La culpabilidad causa que digas: "Necesito ser perdonada porque hice algo malo". La culpabilidad es buena cuando el Espíritu Santo te da convicción de pecado o de una iniquidad que eres culpable de haber cometido. Pero la culpabilidad puede ser dañina cuando le pides perdón a Dios y después continúas flagelándote porque pecaste.

NO DEJES QUE LA CULPABILIDAD TE CONDENE

La palabra "pecado" viene de la palabra griega *hamartia*, que es un término en el tiro con arco que significa "no dar en la diana". El pecado continuado es esclavitud. El pecado continuado es una adicción.

Pecado es cuando metes la pata pero confiesas inmediatamente y te detienes. *Iniquidad* es cuando haces continuamente lo que es incorrecto y no te detienes. Pero cuando la culpabilidad te molesta incluso cuando has confesado tus pecados a Jesús, la culpabilidad puede conducirte a un espíritu de condenación.

¿Has sentido alguna vez una inquietud en tu corazón que te decía que eras culpable de algo? ¿Te has arrepentido de tus ofensas y le has pedido perdón a Jesucristo?

En 1 Juan 1:9 leemos: "Si confesamos nuestros pecados, Dios, que es fiel y justo, nos los perdonará y nos limpiará de *toda* maldad". ¡No más culpabilidad! Si está en tus pensamientos, entonces di para ti misma:

La vergüenza es otra mentira y espíritu malo.

"Ah, no, no lo hagas. Fui perdonada y liberada el [inserta la fecha]. ¡Vete ahora!". Cuando has sido perdonada, el espíritu de condenación es otra mentira de Satanás para mantenerte presionada, aplastada y retenida.

NO DEJES QUE LA VERGÜENZA TE DEFINA

La vergüenza es otra mentira y espíritu malo. Cuando la culpabilidad dice: "Hice algo malo", la vergüenza dice: "Yo *soy* malo". La culpabilidad se enfoca en la conducta; la vergüenza se enfoca en el yo. La culpabilidad dice: "Lo siento; cometí un error". La vergüenza dice: "Yo *soy* un error".

La vergüenza es una combinación de temor y orgullo; es el temor a quedar expuesta y herida otra vez. La vergüenza es orgullo porque has construido un muro imaginario para proteger tu autoestima. La vergüenza puede hacer añicos tu verdadera identidad en Dios y robarte el gozo.

Brené Brown, doctora y destacada asistente social clínica licenciada, dice: "La vergüenza es la ciénaga del alma. Mientras menos hablemos sobre nuestra vergüenza, más tenemos". Ella dice que "ser vulnerable es la única manera de librarnos de la vergüenza".[1]

Ser vulnerable es una clave para vivir una vida de estabilidad e integridad. Ser vulnerable no es una debilidad, como muchos tienden a pensar. En cambio, nos permite ser susceptibles a volver a ser heridas. Pero como hemos soltado la vergüenza, ser vulnerable es una señal de fortaleza.

Ser abierta y sincera con respecto a tu dolor te ayudará a sanar. Si no te libras de la vergüenza, puede conducir a depresión, ansiedad, adicciones, e incluso el suicidio. La vergüenza es una epidemia en nuestra cultura.

CINCO EJEMPLOS DE PERSONAS QUE SUFRIERON VERGÜENZA EN LA BIBLIA

La Biblia habla de muchas personas que sufrieron vergüenza. Aquí tenemos a cinco.

- **Adán y Eva**—Ellos sintieron vergüenza después de comer del fruto del árbol del conocimiento del bien y del mal (ver Génesis 3:7). Eva estaba sola en el Huerto del Edén cuando la serpiente le engañó para que comiera el fruto prohibido.

---

1 Brené Brown, "The Power of Vulnerability", charla TED 2011, https://www.youtube.com/watch?v=iCvmsMzlF7o.

Dios había identificado un árbol del que Adán y Eva no debían tomar el fruto, pero ellos lo hicieron de todos modos. El diablo puso duda en la mente de Eva sobre la Palabra de Dios. Ella sucumbió a la tentación y dio del fruto a Adán para que comiera. Inmediatamente, ambos se dieron cuenta de que estaban desnudos, y de repente se llenaron de vergüenza debido a su desnudez. Dios hizo delantales para ellos con pieles de animales. Esto no solo cubrió su vergüenza en el mundo natural, sino que fue también un símbolo de la cruz y la sangre de Jesús que cubre nuestro pecado.

- **Moisés**—Él sintió vergüenza cuando mató accidentalmente a un egipcio y huyó al desierto. Moisés nació israelita durante el tiempo en que el rey Herodes estaba matando a todos los bebés varones menores de dos años. Su madre lo metió en un cesto acolchado y lo dejó flotando en el río. La hija del Faraón lo encontró y preguntó si podía criarlo; Faraón le permitió hacerlo. Cuando Moisés creció, supo cuál era su verdadera herencia, y entonces deseó ayudar a salvar a los israelitas de la esclavitud en Egipto. Un día, vio a un israelita siendo golpeado por un egipcio. El enojo se apoderó de Moisés, y accidentalmente mató al egipcio. Debido al temor y la vergüenza, Moisés huyó a una zona llamada Madián. Más adelante, Dios usó a Moisés para liberar a los israelitas. La vergüenza de Moisés desapareció cuando Dios separó las aguas del Mar Rojo para que el millón de personas cruzaran por tierra seca (ver Éxodo 2:14 y Éxodo 14).

- **El rey David**—Él sintió vergüenza cuando tuvo sexo con Betsabé, asesinó a su esposo, y fue responsable por el bebé que murió. Aquel día, David debería haber estado junto a sus soldados en la batalla, pero en cambio se quedó relajado en su casa. Mientras estaba en el terrado del palacio, vio a una mujer hermosa que se bañaba. Ningún hombre debería haberla visto, pero David vio a esta mujer y la deseó. Envió a alguien a llamarla para que acudiera al palacio, donde tuvieron sexo. Betsabé quedó embarazada. Lleno de vergüenza, David hizo que su esposo muriera en el campo de batalla. El profeta Natán confrontó al rey y sacó a la luz lo sucedido. El bebé nació pero se enfermó. David se arrepintió, ayunó, y oró para que el bebé viviera. Dios no siempre nos da lo que queremos, aunque nos hayamos arrepentido de nuestros pecados. Hay consecuencias en el ámbito natural. Gracias a Dios por su misericordia... pero su plan con frecuencia es muy diferente a nuestro modo de pensar humano. Cuando el niño murió, David tuvo que soltar su vergüenza. Se casó con Betsabé, quien más adelante dio a luz a Salomón (ver 2 Samuel 11—12).

- **Rahab, la prostituta**—Ella sintió vergüenza debido a su estilo de vida. Dos espías de Israel fueron enviados a examinar Jericó. Encontraron a Rahab en la calle y entablaron amistad con ella. Los espías fueron a su casa y hablaron de lo que los israelitas iban a hacer a la ciudad. Los tres hicieron un acuerdo: su familia sería protegida si ella los protegía a ellos del rey de Jericó. La vergüenza de Rahab fue sanada porque ella obedeció al Dios de Israel (ver Josué 2). Finalmente se casó con uno de los hombres que salvó a su familia.

• **Sansón**—Él sintió vergüenza cuando era un juez de Israel y se enamoró de una mujer filistea llamada Dalila. Ella no amaba a Sansón, y lo engañó para que le dijera por qué tenía una fuerza sobrenatural. Cuando él le contó la verdad, perdió todo el poder porque Dios lo abandonó. Sansón le dijo finalmente a Dalila que el verdadero secreto de su fuerza estaba en su largo cabello. Ella se lo cortó cuando él dormía y llamó a los guardias que esperaban para atraparlo. Se había permitido a sí mismo estar en una posición comprometida, y pagó el precio. Lo metieron en la cárcel. Pero Dios usó a Sansón para liberar a los israelitas porque su corazón era recto. Aunque estaba lleno de vergüenza, Sansón mostró a Dios cuánto lo amaba sacrificando su vida. En Jueces 16 leemos que el cabello de Sansón volvió a crecer, y la fuerza resultante volvió a vigorizarlo. Fue capaz de empujar y derribar dos columnas del templo de los filisteos a Dagón, causando el derrumbe de la estructura y matando a todos los que estaban allí. El cabello de Sansón volvió a crecer, lo cual permitió a Dios ungirlo una última vez.

Dios puede usarnos hoy de maneras positivas, a pesar de lo que hayamos hecho en el pasado.

Estos ejemplos de vergüenza son del Antiguo Testamento.

Actualmente tenemos mucha vergüenza en nuestra cultura. Si no te libras de la vergüenza, seguirá intimidándote. La vergüenza te mantiene aislada, lo cual puede conducir a la depresión. Aquello que no enfrentas y tratas, siempre seguirá igual.

LA VERGÜENZA ES UNA FORMA DE ADICCIÓN

Conozco a una mamá que estaba llena de vergüenza. La llamaré Amy. Su hija Michelle, de quince años de edad, se emborrachó una noche y quedó embarazada. Había estado saliendo con las personas equivocadas y se volvió rebelde. Cuatro meses después, su vientre comenzó a dar señales. Sería imposible ocultar por mucho tiempo más la evidencia.

Amy no podía hablar con nadie sobre esta situación. Como era cristiana, la vergüenza le consumía. Pensaba: "¿Cómo? ¿Mi hija? Se crió en un hogar cristiano, asistía a la iglesia cada domingo, y también iba al campamento de verano de la iglesia porque quería hacerlo. ¿Qué sucedió? ¿Qué hice mal? ¿No la crié correctamente? Oh, Dios mío, ¿qué pensarían los demás si supieran que mi hija quedó embarazada estando soltera?".

Amy pidió respuestas al Señor. Cuando la mamá sanó de la vergüenza, entendió que lo que su hija había hecho no era culpa de la mamá. Michelle salió con la persona equivocada aquella noche y tomó una mala decisión. Desgraciadamente, esta es una situación común. Las mamás necesitan amar a sus hijos e hijas a pesar de todo. Solamente el verdadero amor sanará el corazón.

Cuando Amy fue libre de la vergüenza, pudo hablar con otros sin sentirse avergonzada. Entendió que lidiar con estos problemas es sencillamente parte de la vida. En la actualidad, incluso su hija se ha librado de su vergüenza. Amy tiene también una hermosa nieta.

Librarnos de la vergüenza es un milagro porque la vergüenza es una adicción. Cuando se interioriza, causa que tengamos una identidad basada en la vergüenza. Cuando eso sucede, solamente una fuerza

---

Entendí que el arresto de mi hijo no se trataba de mí.

---

mayor puede romperla. Esa fuerza puede ser la autodisciplina con el apoyo de una persona o grupo para ayudarnos a mantenernos firmes. Dios es también parte de esa fuerza.

Yo puedo identificarme un poco con Amy. Mi hijo mayor estuvo entrando y saliendo de la cárcel por doce años. Una noche, se emborrachó y no pudo pensar con claridad. Tomó una mala decisión y fue arrestado.

La primera vez que se vio inmerso en el sistema legal, yo misma acudí a cada sesión del tribunal con la que él tenía que lidiar, y lo visitaba una vez por semana. La cárcel fue diferente, pues estaba muy lejos. Pero oraba por él todo el tiempo y le escribía cartas.

A medida que pasó el tiempo, entendí que el arresto de mi hijo no se trataba de mí. Se trataba de decisiones que él mismo tomó. Él era una persona adulta. Todos necesitamos entender que las decisiones que tomamos afectan a muchas personas y no solo a nosotros.

Cuando él metió la pata mientras estaba en libertad condicional en 2016, el juez quería sentenciarlo a ocho años de cárcel. Era el tercer delito de mi hijo. Su psicóloga, a la que yo había visitado también, convirtió en objetivo de su vida demostrar que mi hijo no era un criminal. Ella mostró la vida de él, lo que sucedió y cuándo, y por qué él respondió como lo hizo. Cuando su abogado lo presentó al juez, el juez decidió condenar a mi hijo a menos de tres años. ¡Aquello fue un milagro!

Mi hijo salió de la cárcel a principios de este año, y ha estado libre de alcohol y drogas. Pasó por el programa de Narcóticos Anónimos (NA). Le iba bien y trabajaba en dos empleos; estaba feliz y con ilusión de seguir adelante con la vida. Pero entonces, en septiembre de 2018, lo encontraron desplomado. Mi hijo había muerto de un profundo ataque al corazón. Tenía solamente treinta y cinco años. Yo sabía que tenía la presión arterial alta; había subido de peso con toda la comida buena que no había comido en la cárcel. En el pasado había consumido metanfetaminas, lo cual descubrí que agranda el corazón.

Al pensar en lo que pudo haber sucedido, he llegado a la conclusión de que el corazón es mayor que el hábito. Mi hijo amaba a Jesús y tenía al Espíritu Santo en su corazón. El espíritu puede vencer la adicción del alma; pero a menudo, la carne es tentada y no puede decir no. El estado del corazón es más importante que la actividad. Dios conoce nuestros corazones.

Una semana antes de que mi hijo muriera, le pregunté: "Entonces, ¿cuál crees que es el llamado de Dios en tu vida?".

Él respondió: "Quiero viajar por el mundo como haces tú y compartir a Jesús".

Poco después de que mi esposo y yo recibimos la noticia de la muerte de nuestro hijo, pensé en lo que él había dicho. Estaba triste porque lo que él quería hacer con su vida no iba a suceder. Cuatro días después, se me ocurrió que mi hijo *estaba* haciendo lo que Dios lo llamaba a hacer: ¡está viajando por el mundo conmigo! A menudo cuento su historia en mis presentaciones. Personas están siendo liberadas.

LA GENTE SE PONE MÁSCARAS PARA OCULTAR LA VERGÜENZA Y LA CULPABILIDAD

La culpabilidad y la vergüenza pueden pesar mucho sobre los hombros de una persona. Cuando las personas son consumidas por la culpabilidad y la vergüenza, raras veces sonríen. Sus ojos no miran a los ojos a otros, y prestan poca atención al aseo. Se ponen máscaras invisibles para ocultar el dolor, mostrando una cara feliz para que otros no sepan que están sufriendo.

Las modelos a menudo llevan puestas esas máscaras invisibles cada vez que están sobre la pasarela. Para la audiencia de la pasarela parecen ser modelos seguras de sí mismas y experimentadas; pero con frecuencia, por debajo de ese disfraz hay culpabilidad, vergüenza y anorexia. Escuchan a menudo que están demasiado gordas, aunque están muy lejos de tener sobrepeso. Con frecuencia son presionadas para que pierdan más peso o enfrenten el fin de sus carreras como modelos.

Es lo mismo que en la vida real, solo que en formas diferentes. Muchas personas llevan puestas máscaras en sus propias pasarelas en la vida. Se espera de las personas que luzcan de cierta manera y actúen de cierto modo. Fingen ser alguien que no son.

Pero cuando aprendemos a caminar en amor, podemos ser las modelos de Dios dondequiera que vayamos.

Ya no necesitamos sentirnos inseguras, inadecuadas y llenas de vergüenza. Ya no tenemos que llevar puesta la máscara. Dios nos acepta, a pesar de todo. Pero etnia y edad no tienen ninguna consecuencia. ¿Somos perfectas? No. ¿Vamos a meter la pata? Sí, desde luego. Pero cuando lo hagamos, tan solo tenemos que pedir perdón y regresar a la fila con el diseño de Él para nuestra vida.

Cuando la vergüenza y la culpabilidad han sido erradicadas de tu ser, estás en posición de recorrer la pasarela de la vida con felicidad y libertad. El peso de la culpabilidad y la vergüenza ya no te aplastan. Tus hombros están relajados. Puedes ir con la cabeza bien alta y erguida.

CAPÍTULO 6
Ya no más maniquíes

Jesús dijo: "Y mi vida se muestra en ellos".
Juan 17:10 (MSG, traducción libre)

Boutiques y grandes almacenes a menudo utilizan maniquíes para mostrar ropa y accesorios. Los maniquíes tienen cuerpos perfectos. Eso puede enviarnos mensajes subliminales que dicen que si no nos vemos como los maniquíes, que se consideran el estándar ideal, entonces nos falta algo. Eso puede hacer mella en nuestra autoestima.

Unos días antes del Día del Padre en 2017, mi esposo y yo estábamos en un centro comercial. Un maniquí quería parecerse a un padre con un estómago pronunciado. Nos reímos y tomamos una fotografía de mi esposo señalando a su estómago al lado del tipo falso en exhibición para el Día del Padre.

A pesar de que nos divertimos con el maniquí que no estaba en forma, nosotras como cristianas deberíamos ser una muestra de su gloria, modelos del Señor Jesucristo. Muchas veces, tú serás el único ejemplo de Jesús que las personas conozcan. ¿Eres amorosa? ¿Amable? ¿Considerada?

SÉ UNA MODELO PARA EL REINO DE DIOS

Si estás comprometida al cien por ciento con Dios pase lo que pase, eres una maravillosa guerrera trabajadora en el reino de Dios. Te presentarás a quienes te rodean con un espíritu de integridad con respecto al modo en que sirves a tu familia, a tu negocio, y a tu comunidad. Has de ser una modelo, un ejemplo, del reino de Dios. Tú no eres una muñeca o un maniquí.

Un maniquí es un modelo a tamaño real de un hombre, una mujer o un niño. En el pasado, estaban hechos de plástico o de materiales de cartón. Ahora, la mayoría de los maniquíes están hechos de fibra de vidrio. Un maniquí desmantelado tiene brazos y piernas desprendibles. Los maniquíes también pueden no tener cabeza.

Necesitamos ser ejemplos de Dios, nuestro Diseñador.

Como modelos humanas de Jesucristo, es importante que en nuestro propio pensamiento no seamos falsas, de plástico o sin cabeza. Necesitamos ser ejemplos de Dios, nuestro Diseñador. Él nos creó a su imagen. Él nos diseñó a su semejanza.

LA FE EN DIOS DERRITE LA ANGUSTIA

Las modelos son reales, pero muchas de ellas viven en un mundo de fantasía. Ponen delante de ellas un muro imaginario para proteger su autoestima y no permitir que nadie vea su vergüenza o sus inseguridades.

No tienes que ser una modelo para tener un muro invisible que cubre tu verdadera identidad. Imagino que al menos el 80 por ciento de las personas ponen barreras para ocultar quiénes son realmente. Los muros que levantan son para protegerles del dolor emocional y protegerles de volver a ser heridos.

Conocer a Jesús y reconocer su amor por ti erradicará amorosamente las capas de angustia mental que podrías haber adquirido. La preocupación constante es angustiosa. Pensar que tú eres la única persona que puede arreglar una situación pesa mucho sobre tu psique. Pero a medida que aumenta tu confianza en Dios, las capas de angustia comenzarán a desaparecer. Dios es lo bastante bueno para sanarte emocionalmente, poco a poco. Tu carga de pesadez será cada vez más liviana. La adoración y pasar tiempo leyendo la Biblia sanará tu alma.

Los muros levantados de temor y orgullo se desmoronarán. Te aliento: memoriza algunas escrituras para que puedas declararlas en voz alta en el auto o en cualquier lugar. Aquí tenemos un versículo muy consolador:

Cuando pases por las aguas, yo estaré contigo; y si por los ríos, no te anegarán. Cuando pases por el fuego, no te quemarás, ni la llama arderá en ti.

—Isaías 43:2, RVR-60

¿No son palabras reconfortantes? Recuerdo leer ese versículo en voz alta cuando estaba atravesando un tiempo difícil en nuestro negocio. El departamento de Hacienda auditó nuestra empresa, examinando tres años de donaciones. Recuerdo recibir la carta. Antes de abrirla, la levanté en alto y dije: "Jesús, tú sabes que nuestro negocio te pertenece. Cualquier cosa que pida esta carta, te lo entrego a ti para que tú te ocupes. No me estresaré por esto".

Nunca tuve ningún pensamiento de temor. Sabía que mi Dios supervisaría la situación. Respondí todas las preguntas y proporcioné todas las copias necesarias para mostrar a Hacienda que estábamos cumpliendo. Nos dieron la mejor calificación que se puede tener en una auditoría. Gracias a Dios por su Palabra y sus promesas tan grandes y preciosas.

RODÉATE DE PERSONAS QUE TE AMAN

Cuando estés abatida, deprimida y desalentada, te animo a que no estés sola. No fuimos creados para estar aislados; y así es exactamente como te quiere el diablo: sola. Quiere que todas estemos solas y desconectadas de otras personas. Involúcrate en una iglesia local que crea en la Biblia donde puedas escuchar la Palabra y reunirte con otras personas de la misma fe.

Hace años atrás, nuestro pastor dio un mensaje sobre Jueces 18. Una tribu de Israel espió a sus enemigos para ver si era seguro salir y conquistarlos. Los espías descubrieron que los sidonios carecían de un gobernador. El versículo 7 dice: "No se relacionaban con nadie más". El versículo 27 nos dice que como no tenían ningún líder, "mataron a sus habitantes a filo de espada, y quemaron la ciudad". No hubo ningún libertador para la ciudad de Sidón porque "no se relacionaban con nadie más". No estaban conectados con otra comunidad.

Las amistades y conexiones con personas son importantes. Por desgracia, las personas se aíslan por muchas razones. Por una parte, la vida es realmente ajetreada. Quizá están tan estresados por el trabajo y los retos de la vida que están demasiado cansados mentalmente y físicamente para socializar. Necesitan estar con otros creyentes, pero tal vez son demasiado inseguros para ir solos. Quizá motivos de salud los mantienen alejados.

Para sumergirte en el amor, la misericordia y la gracia de Dios, encuentra una iglesia donde te sientas cómoda, una iglesia llena de personas cuya compañía te guste. El punto es ir a una iglesia donde seas celebrada y no solamente tolerada.

Las personas que te aman son esenciales para tu bienestar. Las necesitas para declarar verdad a tu vida, pero no podrán hacerlo si estás desconectada de ellos.

Estar sola es poco sabio e inseguro. El aislamiento te hará vulnerable al enemigo. Cuando estás a solas, tu mente dará vueltas y más vueltas a acontecimientos dolorosos y cómo podrían o deberían haber sido diferentes. Esos pensamientos, si no son detenidos, crearán sendas negativas de neuronas en tu cerebro.

La soledad viene de la vergüenza. La vergüenza viene del temor. El temor dice que otras personas no te aceptarán si supieran realmente cómo eres y lo que has hecho. Cuando no te sientes amada, se cuela la depresión.

El amor es la respuesta. Dios es amor. Solamente el amor sanará la depresión.

En el amor no hay temor, sino que el amor perfecto echa

fuera el temor. El que teme espera el castigo, así que no

ha sido perfeccionado en el amor.

—1 Juan 4:17-18

LA MENTE ES EL CAMPO DE BATALLA

Satanás pondrá pensamientos en tu mente, y a ti te corresponde discernir esos pensamientos mediante la Palabra de Dios. Si tienes

---

Satanás, intenta derrotarnos con estrategia y engaño.

---

problema con eso, renueva tu mente como nos enseña a hacer Romanos 12:2. Toma una decisión: transforma el pensamiento erróneo para que se ponga en consonancia con el diseño de Dios.

En su libro *Battlefield of the Mind* (*El campo de batalla de la mente*), Joyce Meyer, presidenta de Joyce Meyer Ministries, afirma que estamos en una guerra, y que "nuestra guerra no es con otros seres humanos sino con el diablo y sus demonios". Ella escribe: "Nuestro enemigo, Satanás, intenta derrotarnos con estrategia y engaño, mediante planes bien establecidos y un engaño deliberado".[1]

Sé por experiencia personal que eso es cierto. Hace años atrás estaba siendo tentada por pensamientos que pondrían en un compromiso mi sistema de creencias. Sabía que lo que estaba pensando era erróneo, pero seguía intentando justificar mis pensamientos. El enemigo tiene mucha experiencia en intentar derribarnos. En aquel momento en particular, él intentó con fuerza apartarme de la pasarela del diseño de Dios; pero yo no cedí. Vi que el diablo intentaba destruir mi vida; intentaba hacer que sintiera lástima de mí misma; intentaba atraerme con un estilo de vida mundano en lugar de lo que he sido llamada a hacer. Vivir para Jesús no es siempre fácil, pero las recompensas de hacerlo sobrepasan con mucho este mundo en el que vivimos. Enfócate hacia adelante. Haz que tus pensamientos estén en consonancia con el diseño de Dios. No permitas que el enemigo destruya tu destino.

Es necesario dominio propio, el cual, a propósito, es un fruto del Espíritu Santo. No permitas que tus emociones te controlen. Permite que tu espíritu nacido de nuevo esté a cargo, y diles a tus emociones cómo tendrán que comportarse. Dios te ha dado claridad mental. Eso es una promesa.

Porque no nos ha dado Dios espíritu de cobardía, sino de poder, de amor y de dominio propio.

—2 Timoteo 1:7 (RVR-60)

---

1 Dra. Joyce Meyer, Battlefield of the Mind: Winning the Battle in Your Mind (New York: Warner Books, 1995), p. 11.

Mientras más adoras y pasas tiempo en su presencia, más estupenda será la relación que tienes con el Espíritu Santo. Mientras más declares la Palabra, más entenderás cuán valiosa eres para Dios. Entender cuán preciosa eres en Cristo te dará valentía y seguridad. Él te conocía antes de la fundación del mundo (ver Efesios 1:4). Él tiene un plan asombroso para ti y tu destino. Lee Lucas 12:22-25 para comenzar a aprender sobre tu valor eterno. De hecho, te aliento a que memorices ese pasaje de la Escritura.

¿Por qué tienes tanto valor para Dios? La razón es que fuiste creada a su imagen. Fuiste formada a su semejanza, no como un maniquí, una muñeca o un robot.

Él [el Señor Jesucristo]tomará nuestro débil cuerpo
mortal y lo transformará en un cuerpo glorioso, igual al
de él.

—Filipenses 3:21 (NTV)

Solamente el Señor Jesús tiene el poder para cambiarnos y ser formadas a semejanza de su cuerpo glorioso. Debemos reflejar quién es Él dondequiera que vayamos.

Dios tiene un propósito para tu vida. Dios usará tus cualidades únicas para ser una modelo para Él. Sí, tú eres única. Tu espíritu, alma y cuerpo no son como los de ninguna otra persona. Nadie tiene tu mente, tu personalidad o tu aspecto. Cuando aceptas tu identidad en Dios, serás una modelo confiada y genuina de su reino.

CAPÍTULO 7
Vestida para el éxito

"Y se han revestido de la nueva naturaleza:
la del nuevo hombre, que se va renovando
a imagen de Dios, su Creador, para llegar
a conocerlo plenamente".
Colosenses 3:10

El modo en que te vistes envía un mensaje a los demás. Dejas una impresión en las personas que te miran. Vestir bien muestra respeto y honor. Como creyentes, somos embajadoras del reino de Dios (RDD). Somos sus agentes RDD, sus guerreras maravillosas, sus representantes. Decide que quieres ser exitosa. Ten la motivación de ser la mejor en cualquier cosa que hagas en la vida. El escritor motivacional Jim Rohn dijo: "La motivación es lo que te hace comenzar. El hábito es lo que hace que sigas adelante".

Cuando estés motivada, toma la decisión de hacer todo lo necesario para conseguir que suceda. Entonces lleva a cabo la acción, y haz de la acción un hábito.

ESTABLECER METAS PARA OBTENER MOTIVACIÓN

Llegarás a estar motivada cuando hagas planes hacia tus metas. Piensa en lo que te gustaría lograr en los siguientes cinco años, un año, seis meses, una semana, y este día. Ser organizadas y estar orientadas hacia objetivos es la parte interior de vestirnos para el éxito. No querrás verte bien solamente por fuera sin tener ningún incentivo interior hacia la grandeza. Escribe algo más que una lista; incluye cómo planeas lograr cada meta. Anota las acciones que tendrás que emprender. Entonces haz algo cada día para ver que esos conceptos se hagan realidad. Cuando haces eso formas hábito, y los buenos hábitos crean oportunidades.

Cuando mi esposo estaba en la universidad, comenzó a soñar despierto sobre cómo podría ganar dinero. No tenía interés en el inglés o la física; se enfocaba solamente en salir fuera y hacer que sucediera. Esa es la parte emprendedora de él. Comenzó a aceptar empleos de mantenimiento de oficinas en la noche. Cuando tuvo demasiado trabajo, contrató a ayudantes. Llegaba a casa a altas horas de la mañana, agarraba algo de comida del refrigerador, y encendía el televisor. Los infocomerciales mostraban a los televidentes cómo hacerse rico en el mercado de los bienes raíces sin poner dinero con antelación. Él no sabía cómo podía suceder eso.

Tras varias semanas de ver aquellos infocomerciales, aceptó un empleo en una pequeña empresa para aprender a buscar propiedades y leer los títulos. Unos años después, se sintió lo bastante seguro de sí mismo para comenzar su propia empresa. Hizo el hábito de levantarse cada mañana, ver lo que estaba a la venta, leer los títulos, y salir para ver las propiedades. Si le gustaba una propiedad, prestaba atención al precio de venta y hacía una oferta. Hizo aquello una y otra vez.

Su meta de hacer dinero lo motivaba. Su plan de hacer que sucediera se convirtió en un hábito. Aquello sucedió hace treinta y tres años atrás, y él terminó siendo muy exitoso en su trabajo empresarial.

Haz aquello que se te da bien. Motívate a ti misma y forma hábitos para alcanzar tus metas.

VESTIR BIEN AYUDA A ESTABLECER TU IMAGEN

Vestir para el éxito crea una imagen. En los negocios, si quieres influenciar a personas en la oficina, vistes de cierta manera. Para un hombre, esto podría significar ponerse camisa y chaqueta junto con

Si luces bien, te sentirás bien.

unos pantalones color caqui. Un traje y corbata siempre luce muy bien.

Mi papá era médico; vestía traje y corbata seis días por semana.

Para una mujer, la vestimenta para los negocios puede ser un vestido de forma tubo con una chaqueta. Una falda recta a la altura de la rodilla con una blusa abotonada y una chaqueta es otra buena opción. También son aceptables los pantalones bonitos con zapatos de tacón.

Si luces bien, te sentirás bien. Tendrás deseos de desempeñar bien.

Los zapatos son tan importantes como la ropa. Ponte los zapatos apropiados para el conjunto. Para los hombres, zapatos apropiados que acompañan un aspecto casual pueden incluir mocasines de cuero o zapatos con cordones. Para las mujeres en los negocios son aceptables zapatos casuales, o de tacón fino bajos o altos. Las bailarinas o las sandalias con cordones no son apropiadas como ropa de negocios.

¿Qué zapatos te has estado poniendo? ¿Los zapatos de una súper mamá? ¿Los zapatos de una estudiante? ¿Los zapatos de una emprendedora? ¿Los zapatos de una ejecutiva de negocios?

Ponte en los zapatos de otra persona, y mira la vida desde su punto de vista. ¿En qué han estado caminando?

PONTE LA ARMADURA DE DIOS

Recibiste un armario nuevo cuando aceptaste a Jesucristo como tu Salvador. Te pusiste las ropas de la salvación y el manto de justicia (ver Isaías 61:10). Te pusiste el calzado del evangelio de la paz. Fuiste vestida con su justicia. Declaraste justicia cuando el Espíritu Santo vino a vivir dentro de tu espíritu. La justicia es una persona. La justicia es Jesús. Tú eres justa porque el Justo vive en tu interior.

Estar vestida para el éxito es finalmente estar vestida con la salvación del Señor Jesucristo.

Más bien, revístanse ustedes del Señor Jesucristo, y no se preocupen por satisfacer los deseos de la naturaleza pecaminosa.

—Romanos 13:14

Vestirte para el éxito significa estar cubierta por su gloria. Es ponerte la presencia de Dios en adoración. Es declarar la Palabra y ponerte toda la armadura de Dios cada mañana antes de salir de tu casa (ver Apéndice A).

Cuando te has puesto vocalmente la armadura de Dios, estás completamente vestida para el éxito: en el mundo sobrenatural. Obtendrás resultados en la oración porque llevas puestas las armas de justicia. Recuerda que confesión es posesión. Puedes tener lo que declaras.

Cuando seas exitosa en su reino, Él hará que seas eficaz en tu esfera de influencia.

VÍSTETE DE LA ESPERANZA DE LA VIDA ETERNA

En una ocasión hablé con nuestro abogado sobre la eternidad y aceptar a Jesús. Le dije que cuando morimos, acaba todo. No hay ninguna apelación. Al ser abogado, él entendió plenamente lo que significaba la palabra. Dijo: "Mmm... lo pensaré". Espero verdaderamente que decidiera seguir a Jesús antes de fallecer en el año 2009. Si yo no hubiera sido una mujer de negocios exitosa, esa oportunidad de hablar con él sobre Jesús nunca se habría producido.

La Palabra dice: "HOY es el día de salvación" (2 Corintios 6:2). Si sigues posponiéndolo, la vida te distraerá. Entonces podría ser demasiado tarde.

Se requiere esperanza para la vida eterna si quieres ser fuerte y valiente en el Señor. Por eso necesitamos el poder del Espíritu Santo en nuestra vida. Yo me hice cristiana cuando le pedí a Jesús que entrara en mi corazón a los seis años de edad. Volví a dedicar mi vida a Él cuando tenía trece, y desde entonces nunca me he alejado de Dios. Él me ha demostrado su fidelidad más veces de las que podría contar.

Cuando mi primer esposo nos abandonó a mi hijo y a mí, yo podría haber quedado fácilmente paralizada por el temor, la ansiedad y el estrés. Pero incluso durante aquel periodo difícil en mi vida seguí confiando en Jesús y en su Palabra. Sabía que Él me guiaría para manejar los detalles del divorcio. Mi preocupación principal era proporcionar protección y continuidad para mi hijo. Aquello era de suma importancia. Todo se solucionó en un año sin que yo me derrumbara emocionalmente. Dios me mostró su fidelidad. Yo estaba vestida exitosamente de su bondad.

EL BAUTISMO DEL ESPÍRITU SANTO: HABLAR EN LENGUAS

Yo tenía el Espíritu Santo *en* mí, pero nunca me enseñaron sobre el bautismo del Espíritu Santo *sobre* mí.

Pero, cuando venga el Espíritu Santo SOBRE ustedes,
recibirán poder.

—Hechos 1:8

Este bautismo es un evento; es una ocasión cuando pides a Dios que el poder y la autoridad del Espíritu Santo vengan sobre ti. Pides una renovación de su presencia y tu lenguaje de oración. Ese lenguaje no es el español o tu lengua materna; en cambio, ese lenguaje es sobrenatural. Son tus cuerdas vocales y tus labios los que forman las palabras, pero el lenguaje especial viene del Espíritu Santo en tu interior.

Declaras misterios que solamente el Dios Todopoderoso y sus ángeles entienden. El ámbito demoníaco no tiene ni idea de lo que estás diciendo. Esa es una razón por la cual es imperativo orar diariamente en lenguas. Aprender a orar en tu lenguaje de oración es similar a un bebé que aprende a caminar. Al principio, las palabras suenan como balbuceos; pero mientras más oras en lenguas, más maduro se vuelve tu lenguaje de oración...

*¡cuánto más el Padre celestial dará el Espíritu Santo a quienes se lo **pidan**!*

–Lucas 11:13

El inicio de Lucas 11 es donde Jesús enseñó a sus discípulos a orar el Padre Nuestro.

La mañana del domingo, día 3 de octubre de 1993, le pedí a Dios Padre que me bautizara con el Espíritu Santo *sobre* mí, como se describe en Hechos 1:8. Pedí mi lenguaje de oración.

Recibes valentía cuando el Espíritu Santo viene sobre ti. Mi personalidad natural es más reservada, pero cuando la unción sobre mi llamado es fuerte, me vuelvo más osada. Así también lo serás tú cuando lo representas a Él, su reino y sus caminos. Debes estar vestida adecuadamente para cualquier ocasión. "Mantente preparado, sea o no en tiempo oportuno..." (2 Timoteo 4:2, NTV).

En 2017 conocí a alguien en un avión que había estado batallando contra el cáncer durante tres años y medio. El cáncer había alcanzado cinco de sus órganos. Yo necesitaba las palabras para hacerle saber que no tenía que enfrentar ese trauma a solas. Le dije que creyera en el Dios de los milagros, y le dije que Jesús es el sanador. Pregunté si podía orar por él, y cuando él dijo que sí, oré para que Jesús le mostrara cuánto es amado. Oré la historia de la salvación. Maldije el cáncer y declaré sanidad y resurrección de vida a cada célula de su cuerpo. El hombre fue alentado al tener a una desconocida que le habló del amor de Dios y oró por sanidad. Tú tienes el poder y la capacidad de hacer lo mismo.

COMPARTE EL AMOR DE JESÚS CON OTROS

Cuando compartes el amor de Jesús, te has vestido "de fuerza y dignidad" (Proverbios 31:25). La palabra hebrea para "vestirse" es *labash*. La definición del diccionario es "rodearse adecuadamente, es decir (por implicación), ponerse una prenda o ropa de modo literal o figurado; en la vestimenta, rodearse de, ponerse (en), llevar puesto".

Un predicador muy conocido dijo una vez: "La ropa verdaderamente hace al hombre o la mujer. La palabra hebrea para 'ropa' no solo significa 'vestimenta', sino que también significa que el Espíritu de Dios tomó posesión".

Vístete de misericordia, bondad, humildad, mansedumbre y templanza, y estarás vestida para el éxito en Cristo. Cuando te vistes de amor, estás bajo la propiedad de Jesucristo y la posesión del Espíritu Santo. Eres formada a su imagen.

Y revestido del nuevo [hombre], el cual conforme a la imagen del que lo creó...
—Colosenses 3:10 (RVR-60)

EL DETERIORO DE LA MODA Y LA MORALIDAD

Es interesante observar la industria de la moda. Las temporadas de la moda han ido y venido en círculos durante años. En la década de 1950 las mujeres se ponían vestidos rectos con pequeños cinturones alrededor de la cintura. Los hombres llevaban trajes grises o negros, camisas blancas y corbatas estrechas. Y no olvidemos el *chapeau*, un sombrero estiloso. En la década de 1960 los hombres llevaban cárdigan abotonados con pantalones de traje y zapatos de vestir. Aún llevaban trajes, pero las corbatas eran un poco más anchas y con frecuencia a rayas. Las mujeres en la década de 1960 se ponían vestidos elegantes siguiendo la imagen de Jackie O. Las mujeres más jóvenes estaban emocionadas por las ultra minifaldas y las botas a la altura de la rodilla que hizo populares la supermodelo Twiggy.

Siempre recordaremos los pantalones de cintura baja y los estampados psicodélicos de la década de 1970. Los hombres vestían trajes de poliéster. Las corbatas eran más anchas y a rayas más anchas también.

Los pantalones vaqueros para los hombres han sido populares desde la década de 1950. Para las mujeres, desde la década de 1960 y posteriormente se han llevado los vaqueros de diversos estilos. La década de 1970 es cuando se puso de moda el término "traje sastre" para hombres y también para mujeres. Tanto hombres como mujeres estaban a favor de los vestidos camiseros estampados.

Los buzos con colores coordinados para hombres y mujeres fueron lo máximo en la década de 1980. Los trajes masculinos volvieron a ser más conservadores, y las corbatas se estrecharon. Los pantalones vaqueros de la década de 1990 para mujeres eran a la altura de la cadera y un poco holgados. Algunas mujeres mostraban su estómago.

La década del 2000 trajo de regreso las minifaldas y los vaqueros de pata ancha, llamados ahora "de campana". Los vaqueros ajustados se volvieron populares hacia el final de los años 2000. Actualmente,

Actualmente, moda es cualquier cosa que tú quieras ponerte.

moda es cualquier cosa que tú quieras ponerte. Si es un vestido de los años cincuenta, adelante. El vestido ejecutivo de la década de 1960 para mujeres sigue siendo popular en la actualidad, y también lo son los trajes conservadores para hombres y trajes metropolitanos con pantalones a la altura del tobillo y también pantalones más ajustados. Los vaqueros ajustados y los de campana son ambos aceptables. Son populares los vaqueros con grandes agujeros y aperturas en los muslos y las rodillas. Ahí fuera puedes pagar hasta 150 dólares por los vaqueros más desgarrados y "desgastados".

Yo creo que el declive en la moralidad coincide con la moda que se ha estado volviendo más fea. En la década de 1980, la ropa holgada y las camisas de franela muy grandes eran populares entre los jóvenes. Recientemente leí que está regresando a la moda la ropa muy grande. Esta vez, la ropa estará fabricada con mejores materiales. Los diseñadores competirán por el look "grande y en control". Es como si mientras más rebeldes son las personas, más holgada se ha vuelto su ropa.

Póntelo todo, o enfócate en una década si lo deseas. He visto mujeres ceñirse a la moda de los años cincuenta, no solo en la ropa que visten sino también en el modo de decorar sus casas.

Como ahora representas a Jesucristo en este planeta, debes estar vestida para el éxito dondequiera que vayas. Esto se aplica al mundo natural y al mundo sobrenatural. Sé apropiada para cada ocasión. Has de estar llena de la Palabra de Dios para poder tener las palabras adecuadas en el momento correcto para las personas adecuadas. Habla con propiedad, y camina con la cabeza bien alta y con valentía y seguridad como agente del reino de Dios.

Él ha hecho de nosotros un reino de sacerdotes para

Dios, su Padre. ¡A él sea toda la gloria y el poder por

siempre y para siempre! Amén.

—Apocalipsis 1:6 (NTV)

Jesucristo nos creó para ser reyes y sacerdotes, incluso mientras estamos aquí en la tierra. Los reyes representan a quienes están en los negocios y cuyo propósito es dar dinero al reino de Dios. Los donativos son semillas de justicia que plantamos dondequiera que vayamos.

Los reyes también representan a cristianos en posiciones de autoridad en la educación, el gobierno, los medios de comunicación y otras áreas. Los sacerdotes son los apóstoles, profetas, evangelistas, pastores y maestros (ver Efesios 4:11).

Pero ustedes son linaje escogido, real sacerdocio, nación

santa, pueblo que pertenece a Dios, para que proclamen

las obras maravillosas de aquel que los llamó de las

tinieblas a su luz admirable.

—1 Pedro 2:9

Hemos sido escogidas para ser embajadoras reales que representan a Jesucristo y al reino de Dios. Por eso siempre deberíamos vestirnos para el éxito.

CAPÍTULO 8
La fragancia de la adoración

"Grata es también, de tus perfumes, la fragancia; tú mismo eres bálsamo fragante".
Cantar de los Cantares 1:3 (NVI)

Cuando voy de compras, a menudo me detengo al lado del mostrador de los perfumes para oler todas las exquisitas fragancias. Generalmente, me pongo un aroma diferente cada día. Me gusta alternarlos según mi humor.

En el mundo natural, cuando tomamos un baño o una ducha nos lavamos para sentirnos limpias y frescas. Utilizamos aceites, lociones de aromas agradables y perfumes. En el mundo sobrenatural hemos de irradiar las fragancias de Cristo con el resultado de ser limpiadas en su presencia.

Sin embargo, gracias a Dios que en Cristo siempre nos
lleva triunfantes y, por medio de nosotros, esparce por
todas partes la fragancia de su conocimiento.

—2 Corintios 2:14-15

En la versión The Message, este pasaje dice: "Dondequiera que vamos, la gente inspira la exquisita fragancia". Hemos de irradiar los perfumes de olor exquisito de la vida. Diariamente, Jesús se retiraba a un lugar tranquilo y oraba a solas. Necesitamos apartar tiempo en nuestros horarios diarios y hacer lo mismo.

LAS CUATRO FRAGANCIAS

En Éxodo 30:23-24 leemos sobre cuatro fragancias. Cada una es importante por lo que representa. A continuación tenemos las cuatro fragancias de las que habla este pasaje.

Mirra—Esta costosa fragancia representa el amor. Cantar de los Cantares 1:13 dice que "mi amado es para mí como el saquito de mirra".

Cuando era pequeña, yo siempre pensaba que ese libro hablaba de un romance específico entre Salomón y su amante. Desde entonces, he aprendido que el libro es una parábola de cómo ama Jesús a su esposa, su iglesia.

En el Nuevo Testamento, Juan 19:39 dice que Nicodemo llevó mirra, y también áloes, para cubrir el cuerpo de Jesús antes de ser sepultado. Envolvieron su cuerpo en tela de lino empapada en mirra: amor.

El amor por nosotros le costó a Jesús su vida. Él podría haber llamado a varios ángeles para que llegaran y lo bajaran de la cruz, pero como

---

El amor por nosotros le costó a Jesús su vida.

---

confiaba en su Padre celestial permaneció allí y soportó el sufrimiento. Sabemos que resucitó al tercer día. La resurrección es la única razón por la que tenemos esperanza de vida eterna.

Dios hizo eso porque nos ama. Si tuvieras una idea de lo mucho que Jesús te ama, no te afanarías y te preocuparías por las cosas cotidianas.

Canela—Esta fragancia tiene un aroma descrito como "dulce". La palabra hebrea para "dulce" es *bosem*, que significa una fragancia que es dulce y picante. Eso parece un oxímoron, pero cuando se añade canela al aceite de la unción, aporta celo y pasión. *Celo* en hebreo significa "celos".

No adores a otros dioses, porque el Señor es muy celoso.
Su nombre es Dios celoso.

–Éxodo 34:14

Hoy día, el Espíritu Santo quiere que pases tiempo con Él. Jesús es celoso de tu tiempo. En mi estudio tengo una silla con el asiento acolchado. A menudo pienso en Jesús sentado ahí, esperándome con paciencia. Pero yo voy corriendo de un lado a otro apagando "fuegos", haciendo todo lo demás cuando necesito hacer una cosa: reconocer que Jesús es quien puede apagar todos los fuegos.

Cuando el deseo de tu corazón es ser limpiada y purificada, el celo se convertirá en parte de tu ser. Celo es la idea de "ir ansiosamente en busca de" algo. Es la imagen misma de ser llena de un deseo intenso.

El celo de tu casa me consume.

–Juan 2:17 (RVR-60)

El Espíritu Santo habita en tu ser, que es el templo de Dios. Tu casa es la casa de Dios.

Cálamo—Esta fragancia, que se cree que significa "caña", proviene de una planta que crece en las riberas de los ríos. Esta planta tiene una corona y está llena de espinos. El cálamo emitirá su fragancia solamente cuando es aplastado. En árabe, esta palabra significa "cortar o mondar".

El cálamo es símbolo de la debilidad. Levítico 2:16 menciona que el sacerdote quema como memorial una parte: "parte del trigo nuevo y molido como ofrenda memorial...".

Esto es un símbolo de Jesús, el Pan de vida, muriendo en la cruz por nosotros, siendo el sacrificio perfecto, ese puente entre el hombre pecador y el Dios santo, para que podamos tener vida eterna con Él en el cielo. Jesús fue molido y aplastado por nuestros pecados para que así nosotros no tuviéramos que pagar el castigo.

Casia—Esta fragancia es la especia de la devoción y la consagración. La palabra "casia" sugiere la idea de postrarse para adorar en alabanza y devoción a Dios. "Adorar" significa "honrar con amor extravagante y sumisión extrema".

Mezclemos todas las fragancias con aceite de oliva y tenemos el aceite de la unción, que es un símbolo del Espíritu Santo.

ADORARLO A ÉL CREA LA FRAGANCIA DE LA UNCIÓN

Cuando mezclamos amor con pasión y celo, nuestro espíritu se enciende. Añadamos al fuego adoración y humildad, y adoramos de un modo que verdaderamente lo glorifica a Él. Es el aceite del Espíritu Santo el que mantiene unidos estos ingredientes. Eso se llama "la unción".

Cuando estás en su presencia adorando a Jesús, muriendo a ti misma, el Espíritu Santo está ahí y Él produce esas fragancias en ti. Hoy, estos perfumes de dulce aroma vienen del fruto del Espíritu que irradia de tu vida. Hay nueve frutos: amor, gozo, paz, paciencia, benignidad, bondad, fe, mansedumbre y templanza (dominio propio).

Estos frutos de Dios crecen diariamente cuando estás conectada sobrenaturalmente con Jesucristo. Durante los tiempos de comunión con el Espíritu Santo, cuando sus pensamientos se convierten en tus pensamientos, la Biblia cobrará vida para ti mientras la lees, la estudias y la declaras. Estas acciones crean la fragancia de la unción. Cada ingrediente en el aceite de la unción santa se sitúa bajo una compresión extrema para crear el aroma más hermoso posible.

Cuando amas y adoras a Jesús, deja que Él te llene con las fragancias del aceite de la unción. Tu ser más íntimo será renovado.

Eres reavivada y con un aroma fresco en el mundo natural cuando te empapas en la bañera, tranquila y relajada. En el mundo sobrenatural, empaparse es otro modo de decir que esperas en el Señor. Adóralo a Él. Sé absorbida en su presencia.

Mateo 6 dice que cuando te empapas, te vuelves como una flor que brota y da una fragancia fresca de la gloria de Dios dondequiera que vas. Según el Antiguo Testamento, las fragancias y los aromas agradables que agradaban a Dios Padre eran ofrendas quemadas. En Levítico 1:9 leemos de "una ofrenda presentada por fuego de aroma grato al Señor". ¿Por qué un cordero sacrificial sería un aroma grato a Dios? Las ofrendas quemadas se hacían en anticipación de cuando Jesucristo nacería como el Hijo de Dios en la tierra. Él era el Cordero de Dios (ver Juan 1:29).

Jesús estuvo en el ministerio por tres años para mostrarnos cómo ministrar. Durante tres años, Jesús nos mostró cómo amar, enseñar y sanar a las personas. Jesús irradiaba las fragancias del Espíritu Santo y nos mostró cómo hacer lo mismo.

Las dulces fragancias del fruto del Espíritu Santo son lo que irradia de nosotras cuando estamos comprometidas con Jesús al cien por ciento.

El aceite santo de la unción del Antiguo Testamento incluye mirra, canela, cálamo y casia, y nosotros los emitimos cuando hemos creado una atmósfera de amor.

Desde 2005 mi conocimiento de Dios Padre, Dios Hijo y Dios Espíritu Santo ha aumentado inmensamente.

Mi habilidad y deseo de adorar han aumentado. Eso comienza con mi tiempo con Dios. Me gusta estar de pie, levantar mis manos y cerrar los ojos. Al cerrar los ojos, bloqueas las distracciones. Cuando adoro, oro en lenguas, canto canciones y hago oraciones. A menudo siento sobre mí una ligera pesadez, haciendo que sea más difícil estar de pie, pero de todos modos intento mantenerme de pie. A veces cuando estoy en un entorno colectivo, siento hormigueo o cosquilleo en mis brazos. He sentido ese cosquilleo también en mis labios. Cuando eso sucede, sé que la unción es poderosa sobre mí. Cuando la profecía se une a una unción fuerte, a menudo me desplomo bajo el poder. La presencia de Dios es tan fuerte que puede ser prácticamente imposible estar de pie.

Cuando pasas tiempo diariamente con Dios en oración, leyendo la Palabra y adorando, entrarás en su presencia mucho más rápidamente. Pero al principio puede tomar tiempo el librarte de tu enfoque en tu carne para poder enfocarte en el Espíritu Santo.

Aprende a escucharlo a Él. Comienza pidiendo al Espíritu Santo cosas pequeñas, como: "¿Qué ruta quieres que tome hoy de la casa al trabajo?". "Muéstrame a quién debería hablar que necesite una palabra de aliento". "¿Qué vestimenta quieres que me ponga para ese evento?".

Comienza con pequeñas cosas, y escúchalo a Él. Con el tiempo, escucharlo será más fácil.

Vivir la vida que acabo de describir irradia la fragancia de la adoración. Entonces, cuando recorras la pasarela que Dios ha preparado para ti, esas fragancias maravillosas rezumarán de tu ser más íntimo.

CAPÍTULO 9
Sanidad del corazón

"Sean bondadosos y compasivos unos con otros, y perdónense mutuamente, así como Dios los perdonó a ustedes en Cristo".

Efesios 4:32

Para recorrer la pasarela del diseño de Dios con valentía y seguridad, tu corazón debe ser sanado. Y sanar las emociones toma tiempo.

EL PERDÓN SANA EL CORAZÓN

Perdonar puede ser difícil de hacer. Cuando has sido herida y violada, puede ser difícil perdonar a la persona que te trató mal. Pero debemos perdonar porque Jesús nos perdonó. Si no lo haces, la falta de perdón carcomerá tu espíritu.

No perdonar puede arruinar tu salud. La amargura es un efecto secundario de no perdonar. Los médicos lo llaman TAPT (trastorno de amargura postraumática). Un equipo de investigadores descubrió que los síntomas principales de TAPT son "un estado emocional negativo y complejo de amargura, enojo, tristeza, pensamientos de venganza, indefensión, recuerdos intrusivos, e inquietud".[1]

La amargura afecta el cuerpo de diversas maneras. El trauma puede causar un desequilibrio hormonal; trastornos digestivos y dolor crónico en la cabeza, el cuello y la espalda. El dolor está causado por un menor flujo sanguíneo a las células, evitando que absorban nutrientes. En casos extremos, el sistema músculo-esquelético se ve comprometido.

La falta de perdón es la raíz de muchos achaques, enfermedades y

---

1 Diagnostic Criteria for Posttraumatic Embitterment Disorder (PTED)", Journal of Psychosomatic Research 61, no. 3 (Septiembre de 2006), pp. 402–03, https://www.researchgate.net/publication/296430052_Diagnostic_criteria_for_posttraumatic_embitterment_disorder_PTED.

ataduras, y causa temor, ansiedad y estrés. Hay una raíz espiritual en la falta de perdón prolongada. Hay una razón por la que no eres sanada.

[Jesús dijo:] Si perdonas a los que pecan contra ti,

tu Padre celestial te perdonará a ti; pero si te niegas

a perdonar a los demás, tu Padre no perdonará tus

pecados.

—Mateo 6:14-15 (NTV)

LOS SIETE ESPÍRITUS DE AMARGURA

El Dr. Henry W. Wright, en su libro *A More Excellent Way to Be in Health* (Un camino más excelente. Manténgase saludable), describe siete espíritus relacionados con la amargura: no perdonar, resentimiento, venganza, enojo, odio, violencia y asesinato.[2]

- **Negarnos a perdonar a alguien.** Podrías hacer esto continuamente porque tu espíritu ha sido violado en tu mente, tu corazón o tu cuerpo. En el mundo natural, no quieres perdonar. Podrías decir cosas como: "Si supieras lo que me hicieron, sabrías por qué no puedo perdonarlos". Tú *puedes* perdonar. Puedes soltar el pasado.

- **Resentimiento.** Esto sucede cuando tu mente y tus pensamientos dan vueltas una y otra vez a una situación. Sigues tocando la

2   Henry W. Wright, A More Excellent Way—Be in Health: Spiritual Roots of Disease, Pathways to Wholeness (New Kensington Way, Pennsylvania: Whitaker House, 2009).

campana, por así decirlo, y las heridas se mantienen frescas y abiertas. El Dr. Wright dice: "El resentimiento es un problema espiritual, no un problema psicológico".

- **Venganza.** Este es el siguiente espíritu que hay que vencer. Quieres arreglar cuentas y mostrar a la persona una o dos cosas.

- **Enojo.** Este es el espíritu siguiente que aparece tras la estela de la venganza.

- **Odio.** Si el enojo se encona el tiempo suficiente, aparece el espíritu de odio.

- **Violencia.** Este es el escalón siguiente en la espiral descendente de los espíritus de amargura.

- **Asesinato.** Si no se detiene la violencia, puede conducir a esta expresión suprema de espíritus de amargura. El asesinato puede ser literal, o puede ser "homicidio" con la lengua: asesinato del carácter o abuso verbal.

No hace mucho tiempo, leí sobre un esposo y una esposa que se habían divorciado recientemente. Tenían dos hijos pequeños y la custodia compartida. Un día, la mamá llevaba en el auto a los niños a la casa del papá, pero ella nunca regresó a su casa al apartamento que compartía con su novio desde hacía menos de seis meses. La mamá creía que ella y su exesposo tenían una relación amigable por causa de los niños. Estaba equivocada. Unos diez días después, se encontró su cuerpo metido en una bolsa de plástico. Este es un ejemplo extremo de negación del perdón que se convirtió en resentimiento, después en venganza, luego en enojo, y después en el espíritu de violencia para terminar en asesinato. Esto se llama realidad. Eso es muy triste, y situaciones así no tienen por qué producirse.

CORRIE TEN BOOM: UN MODELO DE PERDÓN PARA TODAS NOSOTRAS

Una mujer que pudo perdonar a pesar de un dolor extremo fue Corrie ten Boom. Era una amorosa mujer cristiana que vivía en Holanda. Su papá, Casper ten Boom, era dueño de una tienda llena de relojes. La familia vivía en un apartamento encima de la tienda. Los ten Boom no eran judíos, pero amaban al pueblo judío. El Sr. ten Boom tenía una estrella judía en su escaparate como señal de que los judíos eran bien recibidos en su lugar de negocio. Justo antes de que comenzara la Segunda Guerra Mundial, Hitler perseguía a los judíos en la ciudad donde ellos vivían; fue el comienzo del Holocausto. La Gestapo recorría los pueblos y aldeas y reunía a todos los judíos para enviarlos a campos de concentración.

Corrie ten Boom y su familia ocultaron por un tiempo a personas judías en su hogar, hasta que alguien los traicionó. La Gestapo llegó a su casa y arrestó a la familia ten Boom. En ese momento había dos hombres judíos, dos mujeres judías, y dos luchadores de la resistencia ocultos en un armario hecho especialmente. No fueron atrapados. Se mantuvieron ocultos otras cuarenta y siete horas hasta que fueron rescatados y llevados a otro lugar. Betsy, la hermana de Corrie, fue con ella a los campos. Su papá, Casper, tenía ochenta y cuatro años cuando fue arrestado; murió diez días después. Durante los diez meses siguientes, Corrie y Betsy fueron trasladadas a tres campos de concentración distintos. Betsy, con cincuenta y nueve años, se enfermó y murió poco después.[3]

En 1947, tres años después de ser finalmente liberada, Corrie habló en una reunión en una iglesia en Múnich. Ella dijo: "Cuando confesamos nuestros pecados, Dios los lanza a lo profundo del océano, y se van para siempre". Un exguardia que había sido uno de los más crueles en el último campo de concentración donde ella había estado se acercó a ella. Ella lo reconoció de inmediato.

"Sé que usted sabe quién soy, pero me he convertido en cristiano", dijo él. "Estoy limpio de todo el mal que he hecho; pero necesito que usted me perdone".

Él extendió su brazo para darle un apretón de manos. Imagina por un momento la intensidad que colgaba en el aire entre ellos. Entonces ella extendió su brazo y le dio un apretón de manos.[4]

Solo el amor de Dios en tu corazón puede guiarte a perdonar. Si Corrie pudo abandonar su resentimiento, también tú puedes perdonar a quienes han sido crueles contigo. Si eres creyente, tienes a Cristo en tu

---

3   Como se describe en muchos libros, incluido el de Corrie ten Boom, The Hiding Place (El refugio secreto) (Grand Rapids, Michigan: Chosen Books, 1971 y 1984).

4   "Break the Frozen Heart (Summer Rerun Series)", Edinburgh United Methodist Church, 3 de julio de 2017, http://www.edinburghumc.org/blog/2017/7/3/break-the-frozen-heart-summer-rerun-series.

corazón. Él puede ayudarte a perdonar.

"El perdón es un acto de la voluntad", dijo Corrie ten Boom. "La voluntad puede funcionar independientemente de la temperatura del corazón".

Tú puedes tomar la decisión de perdonar, aunque al principio tu corazón esté frío. Declara bendiciones sobre la persona que te hizo daño. Cuando permites que Dios te sane, tu corazón se templará con amor hacia la persona que te dañó.

En 1975 yo viajaba por los Países Bajos y visité la casa de Corrie ten Boom. Vi el armario real que se utilizaba para esconder a los judíos.

MI PROPIO VIAJE HACIA EL PERDÓN

Yo he experimentado el perdón tras quedar desilusionada y abandonada. La familia es con frecuencia nuestra mayor decepción. Mi primer esposo fue la principal traición importante. Como he mencionado, él me abandonó emocionalmente y físicamente. Mis hermanos y sus esposas al parecer me han rechazado. Parece que ya no soy aceptada en sus familias. Hasta este año, no había visto a mi sobrina y mi sobrino por más de una década. Sus hijos no saben que tienen una tía y un tío que los aman porque nunca nos ven.

Cuando fallecieron mis padres, la vida fue diferente. Mi mamá murió primero. Mi papá quiso quedarse en su casa con todo tal como estaba cuando mamá vivía allí. Yo hice todo lo que pude para ayudar a darle a mi papá lo que necesitaba, pero mis hermanos hablaron de vender su casa. Tal como yo lo entendí, querían trasladar a mi papá a una residencia de ancianos porque necesitaba cuidados las veinticuatro horas del día. Yo sabía que si eso sucedía, mi papá perdería sus ganas de vivir.

Surgieron problemas con un préstamo bancario para conseguir cuidado a domicilio, y se involucraron abogados. Cuando la situación se calmó, mi papá pudo vivir en su casa otros tres años más, y falleció en su cuarto, tal como él quería. La mala comunicación con mis hermanos ocupó una parte muy grande de nuestros desencuentros. Fue un periodo de estrés para todos.

Aprendí que los mensajes de texto no son el modo de comunicación en problemas difíciles. Mi familia nunca aprendió a confrontarse

los mensajes de texto no son el modo de comunicación en problemas difíciles.

mutuamente, y mucho menos confrontar con amor. Éramos inseguros y no podíamos hablar las cosas cara a cara. Fuimos heridos profundamente por toda la situación. Yo personalmente no podía llorar incluso si quería hacerlo. No me salían las lágrimas.

Unos años después, derribé mi muro de orgullo y permití que mi corazón fuera sanado. Perdoné a mis hermanos y sus esposas. También tuve que perdonarme a mí misma, que es el tipo de perdón más difícil. Entonces pude llorar. Aún tiene que producirse la reconciliación. Ha pasado más de una década. Ya es momento de hacerlo.

CINCO PASOS PARA PERDONAR

En *The Freedom Factor* (El factor libertad), el Dr. Bruce Wilkinson menciona que no perdonar es una "cuestión de disciplina, no de castigo".[5] El dolor continuo por el que pasamos es un resultado de no perdonar. El Dr. Wilkinson ofrece cinco pasos para ayudarnos en nuestro viaje hacia perdonar.

- **Abre tu corazón para perdonar.**Si perdonas solamente desde la cabeza, no durará. Tus emociones o tu corazón fueron heridos. Si permites que tus pensamientos den vueltas una y otra vez a lo que sucedió, la meditación continua se convertirá en un patrón negativo que finalmente se descontrolará.

- **Muestra compasión a la persona que te hirió.** El Dr. Wilkinson dice que "la compasión es la puerta hacia el perdón". Bondad y amor en tu corazón vienen solamente de Dios, quien te creó

---

5   Bruce Wilkinson, The Freedom Factor (Portland, Oregon: Zeal Books, 2016).

para ser formada a su imagen. Recuerda que estás perdonando a la persona, no la maldad que él o ella te hizo. Esa es la clave. Jesús nos perdonó a nosotros nuestros pecados en la cruz, no los pecados en sí.

- **Libera a la persona de tu "cárcel del corazón".** No ser capaz de perdonar te mantiene en esclavitud emocional. Te aliento a pensar en a quién necesitas perdonar para así poder derribar ese muro que te aleja de la libertad. Visualiza el separar a la persona de las ofensas cometidas.

- **Perdona a la persona por cada delito, ofensa, error y herida.** Sé concreta. Enumera cada ofensa con cada persona en tu lista. Sé que podría tomar algún tiempo; pero valdrá la pena. "El perdón incompleto sigue siendo falta de perdón, y el contrato legal no será anulado", dice el Dr. Wilkinson. "Debes liberar a la persona por separado del perdón de las heridas. La primera mitad es *a quién* liberas, y la segunda mitad *lo que* perdonas".

- **Bendice y haz bien a la persona.** El perdón solo puede llegar del Trono de la Gracia. El Espíritu Santo que vive en tu interior te ayudará.

Te aliento a que hagas una lista de personas que te hayan herido. Expresa sus ofensas verbalmente a Dios. Di en voz alta que los has perdonado. Amargura y resentimiento rodarán de ti como si fueran piedras que ruedan por una ladera. Estarás erguida, y será quitado el peso del mundo sobre ti. Ya no necesitas cargar el mundo sobre tus hombros. Entrega cada situación a Jesús diciendo: "Te pertenezco a ti, Jesús; quita de mí este dolor al perdonar. Sana mi corazón a medida que obedezco tu Palabra". Perdonar es cuestión de fe. Decláralo. Cuando regresen esos pensamientos y sentimientos, atrápalos mentalmente y di: "He perdonado a [*nombra a la persona*]. Camino en perdón. Esos pensamientos y sentimientos son mentiras y deben irse ahora, en el nombre de Jesús".

Perdónanos nuestras deudas, como también nosotros
hemos perdonado a nuestros deudores.

—Mateo 6:12

Cuando hayas perdonado a quienes están en tu lista, pide a Dios perdón de cualquier pecado, ofensa o maldad que seas culpable de haber cometido. Debes perdonar a otros antes de exonerarte a ti misma. El perdón de otros y de ti misma es un proceso que no necesita tomar mucho tiempo, pero a menudo lo hace. Cuando perdonas, tu corazón está en posición de recibir el amor de Dios. Antes mencioné que un contrato legal tiene poder si eres incapaz de perdonar por completo a alguien. Este contrato legal tiene que ver con que el diablo es el acusador (ver Apocalipsis 12:10).

Aprendí durante el verano de 2017 sobre el tribunal del cielo y lo que sucede allí. Como cristianos, debemos aprender a entrar por las puertas del cielo con gratitud y alabanza (ver Salmo 100). El tribunal del cielo es como los tribunales que tenemos aquí en la tierra. Tenemos al acusado (tú misma), al fiscal (Satanás) y al mediador (Jesucristo).

También están presentes un abogado defensor (Espíritu Santo), un secretario judicial (ángeles que escriben en tu rollo o libro en el cielo), y Dios: el juez.

En el tribunal del cielo, aplica versículos a tu situación y preséntalos como evidencia para tu caso. Antes de entrar en el tribunal, asegúrate de haber confesado tus pecados. Tendrás un archivo limpio cuando presentes tu caso. La victoria será tu veredicto.

Si eres atacada por el diablo por no perdonar, podrías estar enferma en el cuerpo, o estar enojada y amargada. Sanarás cuando realices los pasos y perdones a quienes te han ofendido cuando te perdones a ti misma.

Dile al Juez, el Dios Todopoderoso, lo siguiente en una oración:

Señoría, he perdonado a quienes me han ofendido (dale la lista de nombres y ofensas). Te recuerdo tu promesa en Mateo 6:14: "Porque, si perdonan a otros sus ofensas, también los perdonará a ustedes su Padre celestial". Tu Palabra dice también: "Que lo digan los redimidos del Señor". Por la presente declaro que la sangre del Cordero me ha redimido. Te pido que desestimes estos cargos demoníacos contra mí.

Te pido una sanidad completa de mi cuerpo y alma. Te pido un veredicto victorioso porque pertenezco a Jesús. Él dio el veredicto final cuando estaba muriendo en la cruz: "Consumado es".

Ahora nos corresponde a nosotros ejecutar ese veredicto final. Si declaras estas instrucciones en el camino hacia el perdón, serás sanada.

Caminarás en amor, erguida y con seguridad, sobre la pasarela de Dios.

Caminar en perdón es caminar a la manera de Dios, su modo de hacer las cosas.

CAPITULO 10
El cambio de imagen
supremo

"Estando persuadido de esto, que el que comenzó en vosotros la buena obra, la perfeccionará hasta el día de Jesucristo".
Filipenses 1:6 (RVR-60)

Cada viernes disfruto de lo que yo llamo un día de "Jeanie-Jean". O bien salgo a dar un paseo por Balboa Island o camino hasta la playa. Me encanta que me peinen en la peluquería, ir de compras, o hacerme una limpieza facial.

CUATRO PASOS PARA EL CAMBIO DE IMAGEN SUPREMO

Que nos hagan un cambio de imagen es emocionante y nos hace sentir bien con nosotras mismas. Hay cuatro pasos importantes en un cambio de imagen supremo.

1. Limpieza facial

Como mencioné en el capítulo 2, en el mundo natural una limpieza facial es la primera parte de un cambio de imagen. Limpiar la piel da inicio al proceso. Frotar el producto en círculos por el rostro y el cuello elimina aceites faciales y/o el maquillaje. Deja que penetre en la piel unos minutos, y entonces utiliza una toalla caliente y húmeda para eliminar el limpiador.

A continuación, la exfoliación elimina las células muertas de la piel, dejando una piel fresca y renovada. Con una ligera presión, gira tus dedos por la piel para eliminar las células muertas. A veces se usa a continuación la microdermoabrasión. Esta pequeña máquina utiliza trozos de diamante o cristales para una penetración más profunda en la piel.

Cada ocho semanas aproximadamente, puedes realizarte un tratamiento antiedad utilizando ácido glicólico. Síguelo con un masaje de rostro y cuello durante cinco o diez minutos.

El conocimiento de Jesús y su Palabra pasa de mi cabeza a mi corazón.

¿Cómo se aplica esto a tu vida espiritual? He aprendido a pasar tiempo estando tranquila en la presencia de Dios. Mi cuerpo es exfoliado, y todas las "pieles muertas" se eliminan de mí. Mientras más estoy en comunión con el Espíritu Santo, más profundamente penetrará Él en mi espíritu y mi alma (mente, voluntad y emociones). Mientras más conocimiento de la Biblia tenga, más profunda será la relación que tengo con el Espíritu Santo. El conocimiento de Jesús y su Palabra pasa de mi cabeza a mi corazón.

Para santificarla (Jesús), habiéndola purificado (el cuerpo) en el lavamiento del agua por la palabra.
—Efesios 5:26 (RVR-60)

Yo paso de cinco minutos a una hora cada día leyendo la Palabra y orando. Una vez por semana, llegan mujeres a mi casa para un estudio bíblico y adoración. Oramos de cuarenta y cinco minutos a una hora.

A medida que tu relación con Jesús sea más profunda, una mayor unción irradiará de lo íntimo de tu ser. Cuando entres en una habitación, la atmósfera cambiará porque la luz de Cristo entra contigo. Esto seguirá sucediendo mientras mantengas esa conexión íntima con el Espíritu Santo. Querrás estar alineada con su diseño.

Por tanto, nosotros todos, mirando a cara descubierta

como en un espejo la gloria del Señor, somos

transformados de gloria en gloria en la misma imagen,

como por el Espíritu del Señor.

—2 Corintios 3:18 (RVR-60)

2. Escoger la ropa

El paso 2 del cambio de imagen supremo se aplica a la ropa que vistes. ¿Cómo te presentas por fuera? Hay varios estilos de moda entre los que puedes escoger, dependiendo de tus gustos y/o la ocasión. Recuerda que en la actualidad realmente puedes ponerte lo que quieras. Ten en cuenta tu silueta corporal, y busca el estilo de ropa que encaje con tu imagen.

Para las mujeres, las categorías incluyen de tendencia, casual, exótico, vibrante, sexy, fresa, elegante, bohemio, femenino, vaquero, común, punk, artístico, de mujer de negocios, machorro, gótico, roquero, de los cincuenta, de los setenta, y deportivo.

Comentaré sobre algunos de ellos.

- "De tendencia" engloba las modas más actuales. Para las mujeres actualmente, pantalones vaqueros holgados o pantalones de campana con abrigos de longitud ¾ están a la moda. Los accesorios pueden mejorar el conjunto más aburrido.

- "Casual" es cualquier cosa menos aburrido, pero no es extravagante. Es difícil mejorar una camiseta o suéter blancos con pantalones vaqueros y un par de accesorios que combinen con tu conjunto para llevar una moda casual y fácil de manejar. Pantalones vaqueros con agujeros, blusas vaqueras, vestidos vaqueros, cinturones y chaquetas encajan todos ellos en esta categoría. Una subcategoría de "casual" es "casual de negocios", que incluye trajes con pantalones, faldas y vestidos por la rodilla.

- La moda "exótica" incluye cosas que la mayoría de las personas no han visto antes. Mientras más ostentoso sea el conjunto, mejor. Esta ropa es atrevida y atrae las miradas, con colores vivos. A veces es evidente un bordado extremo. Añadamos joyas únicas, y llamaremos la atención desde kilómetros.

- "Vibrante" es tal como suena: colores brillantes y varios patrones que siguen un estilo divertido y coqueto, como una falda de campana fluida de color rosa con flores blancas.

- "Sexy" se apoya en faldas ajustadas y camisetas de corte alto.

- "Fresa" se relaciona con las estudiantes universitarias, y a menudo incluye blusas de cuello blanco debajo de sudaderas y faldas de boca ancha o leggings.

- "Elegante" normalmente se refiere a vestidos de noche largos, aunque un bonito traje también se aplica. Glamuroso y con estilo son los adjetivos aquí.

- "Bohemio" (el "boho" abreviado) se compone de conjuntos de tipo hippie de la década de los sesenta, con patrones brillantes y botas de ante.

La moda para hombres no presume del mismo abanico tan amplio de categorías. Durante siglos, la moda para hombres ha sido bastante aburrida. Es o bien pantalones vaqueros y una camiseta para un estilo casual o trajes negros, grises o azules con una camisa de vestir y corbata para el trabajo y para ocasiones formales.

Actualmente, los hombres de la generación millennial de veinte y treinta años están más orientados a la moda. Están dispuestos a experimentar con más colores y diferentes diseños de chaquetas y jerséis.

Mientras que Ciudad de Nueva York es el centro de la moda de diseño para mujeres, el sur de California se ha convertido en el centro de moda para los hombres de la generación millennial. En todo el mundo, sin embargo, Italia, bendecida con el gusto exquisito de sus modistos, nunca puede ser sustituido como el influyente supremo en la moda.

Hoy, entre las opciones de moda para hombre se incluyen varias etiquetas, llamadas "arquetipos". Aquí tenemos algunos ejemplos.

- Un "Henry" es un tipo de hombre que gana mucho dinero pero aún no es rico. Llevará una chaqueta con pantalones o un suéter con pantalones color caqui.

- Un "Yummy" se refiere al varón joven urbano que vestirá una camisa de vestir por fuera de unos pantalones vaqueros rectos, con o sin chaqueta.

- El "Caballero moderno" mezcla trajes con patrones y texturas. La corbata va a juego con el pañuelo de bolsillo, junto con zapatos de vestir y cordones finos a juego.

- El "Tipo urbano" viste pantalones de chándal caros o de tendencia.

- El "Tipo casual lujoso" presenta un armario caro con una chaqueta de color brillante y pantalones de vestir o suéter de cuello esmoquin.

- El "Estilo leñador" llevará camisas a cuadros y una barba bien cuidada.

- Un "Metrosexual" es un hombre heterosexual con una sensibilidad que se ve con más frecuencia en, según los estereotipos, mujeres u hombres gay. Más que la mayoría, a estos hombres les importa bastante su aspecto personal. Podrían llevar estilos de peinado caros, barbas recortadas, camisas entalladas, y pantalones vaqueros rectos.

- "Casual" puede referirse a capuchas y vaqueros o a camisetas y pantalones cortos.

- Casual de negocios", de nuevo, puede significar pantalones color caqui o vaqueros oscuros sin agujeros y un polo o camisa formal. Una chaqueta sobre una camiseta de diseño luce muy bien con pantalones vaqueros para este look.

- "El caballero moderno" vestirá un traje a rayas o liso con corbata y pañuelo de bolsillo.

- "Formal" incluye, sin duda, el esmoquin como traje de noche.[1]

El estilo de moda que vistes expresa tu personalidad. Llevar ropa nueva es divertido. Todos necesitamos un cambio para salir de lo ordinario. Tener un cambio de imagen puede ser refrescante.

Como hombres y mujeres de Dios, el cambio de imagen supremo es ser completamente transformados en el interior. Vistamos nuestros corazones con un espíritu de excelencia. Podemos lucir bien e ir a la moda por fuera sin comprometer nuestras creencias.

No querrás sucumbir a las tentaciones del mundo. Vives en el mundo, pero no tienes que ser degradada por él.

Mientras tanto suspiramos, anhelando ser revestidos de nuestra morada celestial, porque cuando seamos revestidos, no se nos hallará desnudos.
—2 Corintios 5:2-3

La ropa de moda no es solamente para hombres y mujeres;

---

1   Shan Li. "Millennial Guys Keen on Style Are Reshaping the Fashion Trade", Los Angeles Times, 15 de marzo de 2015, http://www.latimes.com/business/la-fi-menswear-boom-20150315-story.html.

adolescentes, niños, e incluso los bebés pueden llevarla. Las mamás y los papás necesitan enseñar a sus hijos la Palabra de Dios para que así puedan aprender a comportarse. Hay que enseñarles los mandamientos de Dios y una perspectiva eterna sobre los asuntos. Los niños se

---

Cuando son amados, los jóvenes resplandecen de felicidad.

---

desarrollan con estructura, lo cual les ayuda a llegar a tener confianza en sí mismos y sentirse dignos. Cuando son amados, los jóvenes resplandecen de felicidad.

Debería enseñarse a niñas y muchachas que la vida no se trata de obtener abrazos y drogas para aumentar su autoestima. Eso es una mentira que sale del fondo del infierno. Cuando se les enseña que son hijas del Dios Altísimo, se sentirán amadas y muy valoradas. Necesitan entender que son preciosas. Cuando son fuertes y saben quiénes son en Cristo, las jóvenes no cederán a la presión de grupo. Se sentirán bien consigo mismas y serán modestas en su modo de vestir. Cuando se les enseñan límites, vivirán según ellos.

3. Ejercicio

La tercera parte del cambio de imagen supremo tiene que ver con el ejercicio. No estoy hablando de correr maratones o de levantar pesas de muchos kilos, sino más bien de actividad regular para mantener la sangre en movimiento. Los deportes son divertidos para muchas personas. Solamente estar al aire libre caminando, o usar una cinta andadora o elíptica en el interior, puede conducir a una buena salud cardiovascular.

Yo hago Pilates dos veces por semana. Debo establecer un compromiso, o si no probablemente no lo haré. Estoy ocupada, como lo estamos la mayoría de nosotras. También levanto pesas, uso la máquina elíptica, y camino.

¿Podría hacer más? Sí, podría. Comienza con tanto como puedas manejar. No pienses: "Oh, Dios mío, eso es abrumador". Simplemente ve paso a paso.

4. Nutrición adecuada

Obtener la nutrición adecuada es la cuarta y última etapa del cambio de imagen supremo. "Somos lo que comemos", habrás oído decir. Estoy segura. Es cierto. Si lo único que comes es comida rápida, rosquillas y pizza, no estarás saludable. Intenta comer alimentos orgánicos, carne alimentada con pasto, y productos lácteos libres de hormonas. Repito: no te sientas abrumada. Come más verduras y frutas, y menos pan y carne. No tienes que cambiar tu dieta de la noche a la mañana. Haz simplemente lo que puedas.

Persigue tu propósito, y desea conocer tu destino. Debes estar saludable para poder cumplir tu llamado. Te aliento: practica el fruto del Espíritu del dominio propio.

¿Acaso no saben que su cuerpo es templo del Espíritu Santo, quien está en ustedes y al que han recibido de parte de Dios? Ustedes no son sus propios dueños.

—1 Corintios 6:19

ESFUÉRZATE TAMBIÉN POR UNA SALUD MENTAL FUERTE

Los cuerpos sanos están conectados a mentes sanas. Una mente sana produce pensamientos sanos. Los pensamientos sanos están llenos de seguridad y confianza, que provienen de tu relación con Jesucristo. Cuando tu espíritu pasa tiempo diariamente con el Espíritu Santo tu fe crece, y también tu conocimiento de quién es Jesús en tu vida.

Un espíritu, mente y cuerpo florecientes te ayudarán a recorrer la pasarela de moda con valentía y seguridad. Esto se hace enfocando la mirada hacia adelante, sin mirar a la multitud. Deberías tener la barbilla un poco hacia abajo porque las personas en la audiencia están sentadas y mirándote. Deberías tener los hombros hacia atrás y no moverlos mucho. Los brazos de las mujeres deberían estar cerca del cuerpo para que los antebrazos puedan oscilar un poco. Los brazos de los hombres deberán oscilar más debido a sus zancadas más largas. Relaja las manos. Asegúrate de que no están cerradas.

El modelaje de moda no es solo para los jóvenes. La mayoría de modelos de más edad han cuidado de sus cuerpos y aún irradian vitalidad y vigor en el modo en que lucen y caminan. Sabiduría y experiencias en la vida se comunican mediante las imágenes maduras de la industria de la moda. A menudo, modelos de más edad darán consejos e indicaciones a la generación más joven sobre qué esperar y cómo manejar diversas situaciones.

Las modelos maduras del reino de Dios son similares. Por lo general, pero no siempre, tienen más edad. Personas que han estudiado la Palabra de Dios y la han aplicado a sus vidas alientan a otros, tanto jóvenes como viejos. Enseñan a las generaciones más jóvenes y más

---

Proverbios es el libro de la sabiduría.

---

mayores en los caminos del Señor. Proverbios es el libro de la sabiduría. Nos enseña cómo responder a diversas circunstancias. Sugiere límites para que los sabios los apliquen a nuestras vidas. Crea un hambre del Espíritu Santo en quienes desean más de Dios. Los creyentes fuertes declaran la bondad y fidelidad del Altísimo.

Cada generación celebrará tus obras y proclamará tus proezas.

—Salmos 145:4

La sabiduría llega con una mente sana. Se requiere estabilidad mental para tener claridad de pensamiento. Debes concentrarte en saber cómo procesar las circunstancias de tu existencia. Este conocimiento es imperativo para evitar los peligros que pueden hacer descarrilar tu caminar con Dios.

Cuando tienes unos pensamientos sanos, tu espíritu tiene el control. Has decidido que Dios reine sobre tu modo de pensar. Romanos 12:2 nos recuerda: "sean transformados mediante la renovación de su mente".

Ser *transformados* es una transición en la naturaleza misma de tu proceso de pensamiento. Se trata de reflejo, no de contaminación. Un predicador muy conocido lo describe de este modo:

Siembra un *pensamiento*; cosecha un *acto*.

Siembra un *acto*; cosecha un *hábito*.

Siembra un *hábito*; cosecha un *carácter*.

Siembra un *carácter*; ¡cosecha un *destino*!

Una tarde de domingo, mi esposo y yo estábamos mirando casas, y recibí una llamada en mi teléfono celular de la empresa que maneja el sistema de seguridad de nuestra casa. Había saltado la alarma, y habían llamado a la policía para que comprobara qué sucedía. Estábamos a treinta minutos de casa, de modo que no había nada que yo pudiera hacer en ese momento. El temor intentó agarrarme. Habíamos ido a la iglesia esa mañana y escuchado un mensaje sobre confiar en Dios pase lo que pase. Comencé a hablar en lenguas y declarar protección sobre nuestra casa.

No dejaba de decir: "No falta nada, nada roto". Mi espíritu me calmó.

Pero no había ningún intruso. El día anterior habíamos tenido una fiesta de cumpleaños para nuestro hijo mayor. Él estaba emocionado por cumplir once años. Habíamos atado globos en la sala, y volaban de un lado a otro por la brisa de la calefacción. Eso causó que el detector saltara al día siguiente, y por eso recibimos la llamada.

Un evento como ese puede hacer que nuestros pensamientos se descontrolen. Pero podemos mantener el control sobre nuestros pensamientos.

CAMBIA TU SER INTERIOR

El cambio de imagen supremo es ser renovados de la cabeza a los pies: ser limpiados y vestidos por fuera al igual que en el interior de nuestro ser. El exterior incluye una limpieza facial, un masaje, y ponernos ropa nueva y a la moda. El interior pertenece a la limpieza del corazón, una buena nutrición, ejercicio, y pensamientos sanos. No es tanto un *cambio de imagen* sino más bien una *absorción*.

CAPÍTULO 11
En busca de la pureza

"Todo el que tiene esta esperanza en Cristo
se purifica a sí mismo, así como él es puro".
1 Juan 3:3

Cuando recorremos la pasarela del diseño de Dios, vamos en busca de la pureza.

La pureza es una persona. La pureza es Jesús. Él era el Hijo de Dios, que se convirtió en el Hijo del Hombre pero sin pecado. Él es la definición de pureza.

Piensa en agarrar un vaso lleno de agua muy fría. Es clara, pura, y sabe muy bien. Esta agua fresca sabrá mejor después de haber estado corriendo o haber sudado en una máquina elíptica o una cinta andadora en el gimnasio. No hay nada como eso, ¿cierto?

Ahora piensa en tu vida. ¿Con qué estás llenando tu espíritu? ¿Con buenas palabras? ¿Con malas palabras? ¿Con palabras indefinidas? ¿Ves

---

¿Con qué estás llenando tu espíritu?

---

demasiada televisión? ¿Noticias? ¿Películas? ¿Pasas mucho tiempo en redes sociales?

¿Por qué querrías ser pura? Después de todo, este es el siglo XXI. Todo el mundo sabe que la vida se trata de lo que nos hace sentir bien, lo que es correcto en el momento, porque te lo mereces, ¿cierto? La gente piensa a menudo: "Oye, todo el mundo lo hace, ¿por qué no yo? Tan solo quiero ser feliz". El mundo funciona de ese modo; pero ese es un modo de pensar narcisista: "Yo, yo, yo. Quiero lo que quiero, y lo quiero *ahora*".

Como cristianas, hemos de tener una mentalidad diferente. Hemos de tener la mente de Cristo: creer que el modo en que Jesús piensa nos es revelado por el Espíritu Santo cuando leemos y estudiamos la Palabra de Dios con hambre espiritual de quién es Él. El pasaje de la Escritura en 1 Corintios 2:10-16 verifica esta verdad. Por eso tenemos la enseñanza de Dios: para mostrarnos cómo ver las cosas según el entendimiento de Él. Mira la vida desde una perspectiva eterna, para ver con claridad y entender la fe y la autoridad que te han sido dadas mediante tu relación con Jesucristo. Vivir en un marco de referencia natural es normal. Sin embargo, llegan bendiciones al poner nuestro amor por Jesús en primer lugar en nuestras vidas. Él tiene mucho que mostrarte. ¿Por qué no querrías pasar tiempo con Él?

Mas buscad primeramente el reino de Dios y su justicia,
y todas estas cosas os serán añadidas.
—Mateo 6:33 (RVR-60)

Cuando haces que Él sea tu máxima prioridad, puedes ser pura y exitosa. Puedes marcar una diferencia en el mundo en que vives. Puedes ser una influencia estratégica en cualquier industria de la que seas parte. Estás diseñada para traer el cielo a la tierra en estos últimos tiempos.

"Pureza" significa libertad de cualquier cosa que contamina o poluciona; libertad de cualquier mezcla o adición que modifica; o libertad de la culpabilidad o el mal (vergüenza).

SÉ LIBRE DE CONTAMINACIÓN

Levítico 14:33-42 explica este concepto. El autor habla de que las piedras del tabernáculo se habían vuelto mohosas y estaban extendiendo suciedad. Los contratistas recibieron la instrucción de quitar las piedras contaminadas. Tenían que sacarlas de la ciudad a una zona en cuarentena, y después tenían que sustituir las rocas contaminadas por otras *piedras nuevas* y *barro* nuevo.

Según 1 Pedro 2:4-5, "ustedes son como piedras vivas, con las cuales se está edificando una casa espiritual... llegan a ser un sacerdocio santo...".

La Biblia compara a los cristianos con el *barro*. Isaías 64:8 dice: "A pesar de todo, Señor, tú eres nuestro Padre; nosotros somos el barro, y tú el alfarero. Todos somos obra de tu mano". El alfarero es quien da forma a su diseño desde el barro. Dios es quien da forma a tu vida según su modelo. Nosotros permitimos que Él forme nuestro propósito mediante la obediencia a su Palabra.

Hebreos 4:12 (RVR-60) dice: "la palabra de Dios es viva y eficaz, y más cortante que toda espada de dos filos". Esto incluye el Antiguo Testamento. Mientras más leas y estudies la Palabra, más fresca será la revelación que te es dada. Una relación más cercana y más íntima con Jesús es el resultado.

Si aún no has llegado hasta ahí, no te decepciones a ti misma. Suelta el pasado, y enfócate en el futuro.

Y eso eran algunos de ustedes. Pero ya han sido lavados,

*ya han sido **santificados**, ya han sido **justificados** en el nombre del Señor Jesucristo y por el Espíritu de nuestro Dios.*

—1 Corintios 6:11

La única manera de evitar que el moho (pecado) se extienda en tu vida es ser limpiada con la *elegancia de la pureza*, la Palabra de Dios, diariamente. El río de Dios en el Salmo 1 representa cómo son limpiados tu alma (mente, voluntad y emociones) y tu cuerpo, y son hechos puros por el Espíritu Santo.

Pasamos de contaminación a revelación.

A mi esposo y a mí nos gusta relajarnos a menudo en la noche y buscar en Netflix una comedia divertida, o algunas veces un drama o un documental. No puedo decirte cuántas veces elegimos una película pensando que será una buena opción o una comedia blanca, solamente para descubrir a alguien está teniendo una aventura amorosa o cometiendo asesinato. Por no hablar del lenguaje vulgar.

Aunque Hollywood sigue produciendo películas moralmente corruptas, podemos y deberíamos apoyar las buenas películas. Movieguide.org y PureFlix.com son dos empresas que muestran contenido puro.

Apoyemos las buenas películas. Tenemos que ser la luz en el mundo. ¿Cómo hacemos eso? Manteniéndonos alejados de la contaminación.

No... te hagas cómplice de pecados ajenos. Consérvate puro.

—1 Timoteo 5:22b

DISCERNIR ENTRE LA MEZCLA DE ESPÍRITUS

Daniel 2:43 dice: "vio mezclados el hierro y el barro, dos elementos que no pueden fundirse entre sí. De igual manera, el pueblo será una

Hay 41.000 denominaciones en el mundo.

mezcla que no podrá mantenerse unida". Hay mucha mezcla en la iglesia actualmente. Hay 41.000 denominaciones en el mundo.

Hablemos de mezcla. Todas esas denominaciones creen en Dios Todopoderoso y que Jesucristo es el Hijo de Dios, pero incluyen doctrinas individuales, las cuales han creado los diversos sistemas de creencia.

Debemos ser conscientes de una mezcla de espíritus entre los cristianos. Aprendamos a discernir. No permitas que nadie te imponga las manos para orar o te ofrezca profecía porque dice tener "una palabra de parte de Dios". Escucha al Espíritu Santo. ¿Quiere Él que oigas lo que ellos tienen que decir? Si se dice algo y sabes que es erróneo o no sientes que sea correcto, ata esas palabras en cuanto te des cuenta. Di algo como lo siguiente: "Esas palabras no son palabras de Dios. No están en línea con la verdad de la Palabra de Dios. Rompo su tarea en mi vida. Agarro esas palabras y digo que son nulas y vacías en el nombre de Jesús".

En una reunión de un grupo cristiano, una mujer se acercó a mi amiga diciendo que tenía una "palabra" para ella. Mi amiga no se sintió cómoda al respecto, pero de todos modos escuchó. Una semana después, mi amiga tuvo un sueño. Soñó que estaba en la cocina, y una serpiente se deslizaba hasta donde ella estaba de pie. Ella agarró un cuchillo y le cortó la cabeza. Se despertó inmediatamente, y supo que lo que la mujer le había dicho era demoniaco. Debemos aprender a discernir las voces correctas.

Muchas reuniones están llenas de *mezcla*. En cuanto te des cuenta de que se han declarado palabras erróneas sobre ti o tengas un mal sueño, cancela inmediatamente y en voz alta la tarea del enemigo. De nuevo, está atenta y aprende a discernir.

SÉ LIBRE DE CULPABILIDAD Y VERGÜENZA

Recuerda que la culpabilidad surge de la conducta. La vergüenza tiene que ver con cómo te sientes como persona. Para librarte de la vergüenza debes llegar a ser vulnerable. Ser vulnerable es permitirte a ti misma ser susceptible a la herida emocional.

Desgraciadamente, ser vulnerable abre a la persona a volver a ser herida. Pero mientras más hables sobre tu vergüenza, menos te dañará. Mientras más expongas la razón de tu vergüenza, cada vez será menos destacada en tu vida. Entenderás que no eres la única persona que sufre. Obtendrás consuelo al saber que no estás sola. Entenderás que hay muchos otros en la misma situación. Cuando compartes lo que has experimentado, también ellos tendrán esperanza en poder ser liberados de la opresión.

Si necesitas ser liberada, haz esta oración. Dila desde tu corazón, no desde tu cabeza.

Dios Padre, gracias por darme a tu único Hijo para que muriera en la cruz por mí. Confieso que soy pecadora, y no puedo vivir en mis propias fuerzas. En este momento te pido que Jesús sea Señor de mi vida. ¡Te amaré y te serviré siempre! En el nombre de Jesús, amén.

Si hiciste esa oración ahora mismo o estás entregando de nuevo tu vida a Jesús, has tomado una decisión maravillosa. Ahora estás comprometida con Dios al cien por ciento, pase lo que pase.

Sentirás que te han quitado de encima el peso de estar aplastada. Desearás vivir una vida limpia. Aprender a vivir una vida limpia es un proceso. Vivir para ser pura es un viaje de toda la vida. Cuatro áreas en nuestras vidas son clave para esta pureza. La primera es nuestro corazón.

SÉ PURA DE CORAZÓN

*Bienaventurados los de **limpio** corazón, porque ellos*
verán a Dios.

—Mateo 5:8

Cuando naces de nuevo y le pides a Jesús que sea el número uno en tu vida, el Espíritu Santo viene a vivir en tu espíritu. Cuando eso sucede, eres declarada justa ante los ojos de Dios. Eso significa que tu espíritu se ha hecho uno con el Espíritu de Dios, quien es justo y puro.

SÉ PURA EN PENSAMIENTO

Sé pura en pensamiento.

El alma humana es diferente al espíritu humano. Cada uno de nosotros es un ser de tres partes: un espíritu, un alma y un cuerpo. El alma representa nuestra mente, voluntad y emociones. Por lo tanto, cuando nacimos de nuevo nuestro espíritu nació de nuevo pero nuestra alma debe ser reseteada diariamente, algunas veces incluso momento a momento.

Efesios 4:32 (NTV) dice: "En cambio, dejen que el Espíritu les *renueve* los pensamientos y las actitudes". Hacemos eso alabando a Dios, declarando su Palabra y orando en lenguas. Renovar tu mente refresca tu espíritu.

*Por lo demás, hermanos, todo lo que es **verdadero**, todo*
*lo **honesto**, todo lo **justo**, todo lo **puro**, todo lo **amable**,*

*todo lo que es de **buen nombre**; si hay virtud alguna, si algo digno de alabanza, en esto **pensad**.*

—Filipenses 4:8 (RVR-60)

Declarar la Palabra de Dios controla tu pensamiento y hace que tus pensamientos sean puros. Vocaliza las promesas que se aplican a tus circunstancias. Sería hermoso si pudiéramos hacer esto una vez y todos los conceptos negativos desaparecieran, pero algunas veces debemos hacer esto repetidamente para superar una situación. Cree las promesas de Dios por la fe.

Hace tiempo atrás conocí a una mujer que no se apropió de sus pensamientos dañinos acerca de su esposo, quien le había herido emocionalmente. Ella permitió que esos pensamientos dañinos se hundieran cada vez más profundamente en su alma. Quizá no sabía cómo lidiar con ser menospreciada constantemente. Se ha demostrado médicamente que los pensamientos negativos continuos dañan las neuronas en el cerebro. Transcurrieron años de palabras mezquinas, y ella no confrontó al hombre con quien se había casado. Sabía que volvería a ser vapuleada emocionalmente otra vez, y que no saldría nada bueno de eso. Ignoró lo que debería haber hecho. Las mujeres normalmente no decían lo que pensaban en aquella época.

Al evitarlos se produjo amargura, y ella terminó con cáncer de mama y demencia. El trauma puede cambiar tu personalidad y tu salud. Qué triste. Te aliento ahora mismo a agarrar tus pensamientos dolorosos y entregarlos a Jesús. Él sanará tu corazón emocional.

SÉ PURA EN TU CONVERSACIÓN

Nuestras palabras son importantes. Dios creó la tierra con palabras, y también nosotras creamos nuestro mundo con nuestras palabras. Nuestra esfera de influencia está dictada por lo que expresamos.

¿Has considerado alguna vez si eres positiva o negativa con tus palabras? ¿Dices "gracias", o te quejas? ¿Alabas a Dios y declaras palabras de fe, o maldices y difundes las mentiras del diablo?

Porque por tus palabras serás justificado, y por tus palabras serás condenado.

—Mateo 12:37 (RVR-60)

Cuando no mantenemos pura nuestra conversación, abrimos la puerta para que el enemigo se cuele en nuestra mente. Cuando eso sucede, nuestros pensamientos pueden ser contaminados. Nos corresponde a nosotras refrenar nuestro pensamiento para que esté en consonancia con buenas reflexiones.

MANTÉN TU CUERPO PURO

[Jesús dijo:] La lámpara del cuerpo es el ojo; así que, si tu ojo es bueno, todo tu cuerpo estará lleno de luz.

—Mateo 6:22

Nuestro cuerpo tiene cinco sentidos: vista, oído, olfato, gusto y tacto.

Con respecto a la vista, ¿qué miras habitualmente? Hay poder en lo que ven tus ojos.

> *Me negaré a mirar cualquier cosa vil o vulgar.*
>
> *Detesto a los que actúan de manera deshonesta;*
>
> *no tendré nada que ver con ellos.*
>
> —Salmos 101:3 (NTV)

La traducción The Message dice de ese versículo: Me niego a mirar por segunda vez a personas corruptas y cosas degradantes. Me mantengo libre de contaminación.

En segundo lugar: ¿qué escuchas normalmente?

Lo que escuchas te hace sentir feliz o triste. Personalmente, la música rap y el rock ácido me resultan ofensivos. Escucho principalmente música cristiana, ya sea alabanza animada o música de adoración, que es suave y reflexiva. Nos convertimos en aquello en lo que meditamos.

Lo que escuchas te hace sentir feliz o triste.

También me gusta la música clásica, especialmente la música de cámara como la de Vivaldi, Bach y Mozart. También me gusta escuchar jazz suave. A veces, cambiaré de canales en la radio Sirius y escucho música de la década de 1940 de Bing Crosby o Jimmy Dorsey para cambiar.

En tercer lugar, ¿qué tipo de alimentos comes normalmente? ¿Cómo están tus papilas gustativas? ¿Consumes alimentos nutritivos o comida basura? Nuestro cuerpo es templo del Espíritu Santo. Una dieta saludable nos proporciona la energía para hacer lo que hemos sido llamadas a hacer. En el mundo natural, ¿de qué tipo de alimentos tienes hambre?

En el mundo sobrenatural, desarrollemos hambre por la Palabra, que es Jesús, el Pan de vida, para así poder ser divinamente transformadas a su imagen. Seamos vigorizadas por la unción del Espíritu Santo.

Limpiémonos de todo lo que pueda contaminar nuestro cuerpo o espíritu. Y procuremos alcanzar una completa santidad porque tememos a Dios.

—2 Corintios 7:1

En cuarto lugar, con respecto al tacto, aprendamos a tener límites. Conócelos antes de encontrarte en una posición aparentemente comprometedora. Sé una persona de integridad.

En quinto lugar, con respecto a tu sentido del olfato, desea que tu vida rebose un aroma agradable.

Sin embargo, gracias a Dios que en Cristo siempre nos lleva triunfantes y, por medio de nosotros, esparce por todas partes la fragancia de su conocimiento.

—2 Corintios 2:14

EXAMINA TUS ABSOLUTOS MORALES

Ahora que has trabajado con tus sentidos físicos, examina tus absolutos morales. ¿Qué significa ser santo? El mundo natural no es santo; de hecho, es más bien lo contrario cuando se trata de moralidad. Millones de personas son influenciadas por lo que ven en televisión, en las películas y en las redes sociales. Si estás en ese mundo y no en la Palabra, será fácil hacer concesiones en tu moralidad.

La vida está llena de distracciones. Cuando me levanto en la mañana, me visto y desayuno. Me gusta utilizar mi iPad para leer un devocional para ese día y después la Escritura. Tras eso, me dirijo a mi despacho y oro. La mayoría de los días eso es lo que hago; pero a veces suena mi teléfono, y respondo. Otras veces iré al despacho y mi atención será distraída, de modo que comenzaré a hacer trabajo de oficina. Son cosas que tengo que hacer pero son distracciones de la oración.

Las prioridades son un asunto de momento a momento. Vivir en pureza es una decisión.

Si decidimos continuamente no caminar en paz y santidad, no estaremos cerca y en intimidad con el Espíritu Santo. Nos perderemos ver lo que Jesús está haciendo. Nos perderemos su plan para nuestro destino.

Cuando conoces el poder del Espíritu Santo que te ha sido dado, puedes tener libertad de la contaminación, la mezcla, la culpabilidad y la vergüenza. Ya no necesitas sentirte insegura e inadecuada. Serás pura de corazón. Cuando eres libre, puedes ser lanzada para ser la mujer o el hombre que estás diseñado para ser.

¿Meterás la pata alguna vez? Claro que sí. Probablemente con frecuencia, pero cuando lo hagas, pide perdón, vuelve a alinearte con el diseño de Dios, y enfócate hacia adelante.

Cuando recorres la pasarela de la moda de Dios, tendrás el poder del Espíritu Santo para ser un modelo de pureza.

Ninguno tenga en poco tu juventud, sino sé ejemplo de los creyentes en palabra, conducta, amor, espíritu, fe y **pureza**.

—1 Timoteo 4:12 (RVR-60)

Disfrutamos de poder en la pureza. Por lo tanto, obediencia es poder.

La búsqueda de pureza es en última instancia la búsqueda de Jesús. Yo quiero ser más como Él. Quiero que mi historia sea para su gloria.

CAPÍTULO 12
Recorriendo la pasarela

"Porque por fe andamos, no por vista".
2 Corintios 5:7 (RVR-60)

Andar es movimiento. Andar es acción. Es hacer, no solo ser. La fe *no* se trata solamente de devoción; se trata de *movimiento*. La vida se trata de andar por fe. En el momento en que llegas a la pasarela, te has quitado la ropa vieja, has sido limpiada en el spa del cielo, y has hallado tu identidad. Has lidiado con la culpabilidad y la vergüenza, el rechazo, el abandono y el perdón. Has experimentado una victoria en tu vida.

Has pasado por el cambio de imagen supremo y ahora estás preparada para recorrer la pasarela del diseño de Dios. En el mundo natural, necesitas una buena autoestima para ser modelo de moda y caminar con

Eres una embajadora del reino de Dios.

una sensación de seguridad cuando estás representando a un diseñador. Así también, en el mundo sobrenatural eres una embajadora del reino de Dios. Estás vestida de la gloria de Dios; por lo tanto, puedes caminar con seguridad y certeza sobre la pasarela de Dios.

En el modelaje, aprender a caminar es un proceso paso a paso. Caminas de tacón a puntera, con un pie delante del otro, con postura erguida y la cabeza hacia adelante. Debes tener los brazos relajados y con un movimiento mínimo.

LAS EXPRESIONES FACIALES REVELAN TUS CREENCIAS INTERIORES

Nuestras expresiones faciales son bastante reveladoras. Indican lo que estamos sintiendo.

En el mundo de la moda, son importantes seis expresiones faciales. A menudo están dictadas por la ropa que está siendo presentada. El aspecto *natural* muestra paz y contentamiento. *En otro lugar* es una mirada distante, como si estuvieras a miles de kilómetros de distancia. *Feliz* es la señal de placer y satisfacción. La mirada *en blanco* está vacía de expresión. *Dinámica* tiene una connotación coqueta, con un poco de misterio en los ojos. El aspecto *junior* comunica una cara feliz con una gran sonrisa, aunque no se ve con frecuencia en el modelaje de pasarela actualmente.[1]

Una modelo para el reino de Dios debería irradiar paz y contentamiento. Una sonrisa natural es siempre bienvenida por quienes te rodean. Debes aprender un camino diferente, uno que gira en torno a tu modo de vida, tu carácter y tu conducta. No puedes dar un chasquido a tus dedos y pasar de aquí a allá. Este caminar toma tiempo.

TENER UN ESPÍRITU DE OBEDIENCIA

En mi vida, he recorrido la pasarela de Dios bastante recta. Nunca

---

1   "Runway Facial Expressions", Barbizon Insider, http://www.barbizoninsider. com/runway-facial-expressions.

he sido muy rebelde, aunque estaba en octavo grado cuando vestía pantalones vaqueros azules para ir a la escuela cada día a pesar de que mi mamá quería que me pusiera un vestido. Además, quería hacerme agujeros en las orejas, pero mis padres se opusieron a eso. En lugar de pagar para que me los hicieran, yo misma me los hice.

Unos días después, en la cena con mi papá, me retiré el cabello poniéndolo detrás de mi oreja izquierda, dejando ver el arete dorado. Él me miró y dijo: "No lo hiciste".

Yo dije: "¡Lo hice!".

Ese fue el final de la conversación.

También ha habido otras ocasiones en las que yo me desviaba con mi actitud. En su mayor parte soy una persona positiva, pero a veces debo seguir al tanto de los pensamientos negativos.

Ahora, cuando me despierto en la mañana digo: "Buenos días, Espíritu Santo. Buenos días, Jesús. Buenos días, Abba Padre, soy tu amada, y tú eres mío".

Con esas palabras, me gusta decir que estoy comprometida al cien por ciento con Dios, pase lo que pase. Dile a Dios que caminarás hoy en su propósito. Pide un mayor deseo de leer la Biblia para saber cómo caminar. Pide una unción fresca, una revelación nueva, a medida que caminas en su Palabra en este día. Pon una sonrisa en tu rostro mientras caminas erguida y con confianza.

Cuando camines, no encontrarás obstáculos; cuando

corras, no tropezarás.

—Proverbios 4:12

SÉ UNA MODELO PARA EL REINO DE DIOS

En mi adolescencia y a los veinte años participé en algunos desfiles de moda y recorrí una pasarela. Era divertido caminar y mostrar un conjunto y después regresar apresuradamente detrás del escenario y hacer un cambio de ropa y volver de nuevo apresuradamente para representar la moda de un diseñador.

A pesar de la emoción, yo no quería ir a Nueva York y tener ese estilo de vida. Era demasiado intenso y competitivo para mí, pero me gustaron mis experiencias. En aquel momento, yo estaba haciendo algo fuera de lo ordinario. La moda siempre me ha resultado divertida. La etiqueta y la escuela de modelaje contribuyeron a que ahora sea quien soy.

Te aliento: sé una modelo para el reino de Dios. Desea actuar según lo que has aprendido al leer la Biblia. Sé conocida como alguien que pone en práctica los principios de Dios.

Pero sed hacedores de la palabra, y no tan solamente

oidores, engañándoos a vosotros mismos.

—Santiago 1:22 (RVR-60)

Un *hacedor* es quien actúa. Quien *actúa* es un artista que desempeña "una acción o patrón de conducta". El patrón de un *hacedor* bíblico es alguien que actúa según lo que ha oído de la Palabra hasta que eso se convierte en una parte de la vida.

En el modelaje, yo actuaba. Desempeñaba el papel de una modelo de moda. Caminaba erguida, con un pie delante del otro y con brío en mis pasos.

¿Cuán importante es para ti ser una modelo para el reino de Dios? Desea comunicar su moda, su modo de hacer las cosas, y camina en humildad. La Escritura habla en 1 Pedro 5 de revestirnos de humildad. ¿Cómo te humillas a ti misma? El versículo 7 en la Nueva Traducción Viviente nos dice: "Pongan todas sus preocupaciones y ansiedades en las manos de Dios porque él cuida de ustedes". Cuando pones todas tus ansiedades sobre Jesús, eso le muestra que entiendes que tú misma no puedes ocuparte de esas preocupaciones. Sueltas el orgullo y le entregas a Él todas esas situaciones.

Muchas personas en la actualidad caminan en ansiedad, principalmente porque están ocupadas. No tienen tiempo para las amistades. El aislamiento se convierte en la norma.

La mayoría de las personas ya no asisten a la iglesia.[2] Trabajan toda la semana y quieren relajarse los fines de semana. Debido a este hecho, tú podrías ser el único Jesús que verán las personas que están en tu esfera de influencia. Tú eres las manos de Jesús para dar, sus brazos para abrazar, y sus pies para caminar sobre la pasarela de Dios de la vida.

---

2   "The State of the Church 2016", Barna.com, https://www.barna.com/research/state-church-2016.

ANDA EN LOS CAMINOS DE DIOS

Para andar en los caminos de Dios sin cometer un gran error, debes vivir diariamente con un corazón humilde de arrepentimiento, perdón y obediencia a la Palabra de Dios. Debes andar en integridad. Comprométete a este tipo de caminar:

- **Sabiduría**—"Jesús, a quien Dios ha hecho nuestra sabiduría..." (1 Corintios 1:30). Cuando tienes al Espíritu Santo viviendo en tu corazón, tienes el espíritu de sabiduría residiendo en lo íntimo de tu ser. Cuando la necesites, simplemente pide.

  Si a alguno de ustedes le falta sabiduría, pídasela a Dios,
  y él se la dará, pues Dios da a todos generosamente sin
  menospreciar a nadie.

  –Santiago 1:5

- **Unción**—En la Biblia, la unción está representada por el aceite del Espíritu Santo puesto sobre el pueblo de Dios para consagración y santificación. El Espíritu Santo que vive en nuestro interior causa que estemos ungidas y llenas de su presencia.

  Pero vosotros tenéis la unción del Santo, y conocéis todas
  las cosas.

  –1 Juan 2:20 (RVR-60)

- **Amor**—Este es el afecto más profundo y más fuerte conocido para la humanidad. Dios es amor. Podemos amar porque Dios nos amó primero. El Espíritu Santo que vive en nosotros causa que amemos a otros que podrían no ser tan agradables.

Ahora, pues, permanecen estas tres virtudes: la fe, la esperanza y el amor. Pero la más excelente de ellas es el amor.

—1 Corintios 13:13

- **Llaves**—Estas son las llaves del reino de Dios que representan secretos y armas que tiene el cristiano para usarlas en cualquier momento. Hoy, los cristianos necesitan aprender cuáles son estos secretos y armas para poder usarlos sabiamente.

Y a ti te daré las llaves del reino de los cielos; y todo lo que atares en la tierra será atado en los cielos; y todo lo que desatares en la tierra será desatado en los cielos.

—Mateo 16:19 (RVR-60)

PRACTICA LA PALABRA POR LA FE

Alabanza, adoración, oración, ofrendas, y caminar en obediencia son algunas de las armas secretas a las que tenemos acceso cuando nos acercamos con confianza al trono de la gracia. Sin duda, practicar la Palabra por la fe es una llave inmensa.

Cuando andas por fe, avanzas en las llaves del reino que ya están en tu interior. No solo aprendes a *andar* por fe, sino que también aprendes a *declarar* por fe.

Recuerda: las palabras que declaramos son importantes. Hay poder en tus palabras. Si lo único que dices es negativo ("Estoy enferma y cansada de esta situación"), tu cuerpo al final estará enfermo y cansado. Pero si expresas palabras positivas ("Soy bendecida y muy favorecida"), entonces eso es lo que serás. No malgastes tus palabras y digas: "Realmente no quería decir eso".

Si dices algo, lo creerás. Si otra persona te dice algo, quizá lo oigas y quizá no. Tú tienes una voz interior: tu conciencia. Cuando naces de

---

Tú tienes una voz interior: tu conciencia.

---

nuevo, el Espíritu Santo es esa suave voz. Tienes la opción de escucharlo a Él o ignorarlo. Pero declarar en voz alta esas palabras refuerza lo que escuchas en tu interior. Tus palabras tienen el poder de dictar la atmósfera que te rodea.

La muerte y la vida están en poder de la lengua, y el que la ama comerá de sus frutos.

—Proverbios 18:21 (RVR-60)

Jesús dijo:

Porque por tus palabras serás justificado, y por tus palabras serás condenado.

—Mateo 12:37 (RVR-60)

Confesión es posesión. Tendrás lo que digas. Cuando declaras las promesas de Dios y las crees, las verás cumplirse. Deuteronomio 28 es un capítulo de la Biblia sobre bendiciones para la obediencia. Declara esos versículos, y pon tu nombre ahí. La proclamación se convierte en posesión.

Ninguna otra persona en este planeta tiene la voz que tienes tú. La ciencia ha demostrado que tus cuerdas vocales contienen ciertas ondas de sonido por la vibración de moléculas de aire que son únicas en tu voz. Muchas variables causan que tengas tu voz particular, entre las que se incluyen la estructura y el tamaño de tus huesos, el tímpano, el cuerpo y las cuerdas vocales.

Declarar la Palabra de Dios hace que el Señor oiga sus promesas y los ángeles sean enviados para ejecutarlas.

¿No son todos espíritus ministradores, enviados para servicio a favor de los que serán herederos de la salvación?

—Hebreos 1:14 (RVR-60)

TUS PALABRAS Y ACCIONES MUESTRAN QUIÉN ERES TÚ

Tus palabras exponen lo que estás pensando: en lo que meditas. "Porque cual es su pensamiento en su corazón, tal es él" (Proverbios 23:7, RVR-60). Tus palabras se convierten entonces en tu modo de vida: cómo caminas. Lo que dices es lo que harás.

Desde que yo era una bebé, de hecho, cuando estaba en el vientre de mi madre, iba a la iglesia cada domingo en la mañana y en la tarde, y también los miércoles en la noche. Yo no lo sabía entonces, pero la gente nos observaba. Nuestros vecinos veían a mi familia vestirse de manera formal, meterse en el auto y asistir a la iglesia cada domingo.

Te des cuenta o no, la gente sabe lo que haces, dónde vas, y cómo respondes a los demás. ¿Eres amable y considerada? ¿Sonríes? ¿Tomas decisiones sabias? No solo observan tus vecinos; la gente en el trabajo también te observa. La gente en la iglesia te observa. Y hoy en las redes sociales, la gente también te observa ahí.

Andemos como de día, honestamente; no en glotonerías y borracheras, no en lujurias y lascivias, no en contiendas y envidia.
—Romanos 13:13 (RVR-60)

Camina en el propósito que Dios ha formado para ti. Camina como es digno de tu llamado. Camina según la Palabra. Recorre la pasarela del diseño de Dios. Camina con valentía y seguridad. Camina con integridad, no con intimidación.

CAPÍTULO 13
Recompensa y liberación

"Encomienda al Señor tu camino; confía en él, y él actuará. Hará que tu justicia resplandezca como el alba".

Salmos 37:5-6

Cuando las modelos de moda han terminado un desfile, a menudo se juntan en una sala especial de banquetes y celebran el éxito del programa. Se dan palmaditas en la espalda unas a otras y dicen: "¡Un gran trabajo! Estuviste fabulosa".

Quizá algunas serán recompensadas con la ropa del diseñador que vistieron sobre la pasarela.

Dios nos recompensará lanzándonos, liberándonos, hacia nuestro destino. Vestiremos la etiqueta de nuestro Diseñador, la gloria de Dios, que es la expresión externa de quién es Él. Su presencia emana en luz. Jesús es la Luz del mundo. La luz del Espíritu Santo resplandece en nuestro espíritu humano y entonces irradia desde el centro de nuestro ser. Está emanando gloria. Dios usará tu personalidad única para mostrar su gloria.

VIVE CON UN ESPÍRITU DE VIRTUD VICTORIOSA

Todo el mundo es diferente. Todos tenemos características distintas.

Hemos sido formadas según el ADN de Dios: unción de naturaleza divina.

Podemos lucir, sonar o actuar de modo similar, pero no hay nadie en el planeta que sea exactamente como nosotras. Hemos sido formadas según el ADN de Dios: unción de naturaleza divina.

Con el ADN de Dios en nuestro interior, te aliento a que recorras tu vida con un espíritu de virtud victoriosa. Ve tras el conocimiento de quién fuiste creada para llegar a ser. Comprométete con Jesucristo al cien por ciento. Él te recompensará con una mayor gloria. La gloria aumenta a medida que se intensifica el amor. Dios es amor. Mientras más conoces a una amiga, mayor es tu amor por ella. Con el Espíritu Santo viviendo en tu interior, los ojos de tu corazón están abiertos a lo que Él ha planeado para tu vida. Desea tu destino, que es lo que Dios ha escrito en tu libro en el cielo: el libro de la vida del Cordero (ver Apocalipsis 21:27).

Pero sin fe es imposible agradar a Dios; porque es
necesario que el que se acerca a Dios crea que le hay, y
*que es **galardonador** de los que le buscan.*
—Hebreos 11:6 (RVR-60)

PLANEA, PREPARA, Y CONCEDE TIEMPO PARA EL PROCESO

La recompensa no es inmediata. La vida es un proceso. Estamos en preparación para ser liberadas y lanzadas en el momento apropiado. Solo Dios sabe cuál es el momento. Ten la expectativa de que llegará.

En anticipación de un desfile de moda que está a punto de comenzar, las modelos están todas ellas vestidas y de pie en el orden correcto para recorrer la pasarela y mostrar la moda de un diseñador. Una a una, las modelos recorren la pasarela y muestran el talento artístico del diseñador. Todos los meses de planificación y preparación han llegado a un momento decisivo.

De modo similar, hemos de planear y prepararnos para recorrer la pasarela que Dios ha fabricado para cada una de nosotras. Planeamos pensando, imaginando y anotando ideas para la vida, los negocios y el ministerio. Ten siempre un diario a tu lado para poder anotar los pensamientos que lleguen a tu mente.

Está en alerta. Anticipa esas perlas de información valiosas cuando el Espíritu Santo las descarga en tu corazón. Espera ideas creativas para hacer que tu vida sea una plataforma de lo extraordinario.

Llegar a la plataforma donde recorrerás tu pasarela sobrenatural del diseño de Dios incluye ponerte diariamente y vocalmente toda la armadura de Dios, como se indica en Efesios 6. Hay ejemplos de qué decir (Declaraciones) al final de este libro.

SIEMPRE PREPARADA PARA COMPARTIR LAS BENDICIONES DE PAZ CON OTROS

Como mencionamos en el capítulo 7, parte de la armadura de Dios incluye el calzado que llevamos. El calzado tiene muchos estilos y funciones. Los tenis están hechos para correr. El calzado plano o los mocasines acompañan a un estilo de vestir casual. Las sandalias son para ocasiones informales y días calurosos. Para ocasiones especiales, los hombres se ponen zapatos de vestir, y las mujeres llevan zapatos de tacón alto.

En el mundo sobrenatural querremos llevar "calzado" que nos permita estar "siempre listos para salir a anunciar el mensaje de la paz" (ver Efesios 6:15, DHH). Jesús es paz. Imagina meterte en el calzado de Jesús. Ya estamos revestidas de su presencia en la ropa de la salvación y el manto de justicia. ¿Por qué no llevar su calzado y estar listas para caminar con la Palabra en nuestro corazón? Cuando el Espíritu Santo nos impulse, compartiremos el amor de Jesús y las Buenas Nuevas dondequiera que vayamos.

Hablar sobre lo que Dios ha hecho en tu vida es tu *testimonio*: tu historia de lo que has experimentado. Nadie puede negar lo que tú has pasado. Tus experiencias de vida son únicas. Tengo un amigo que lleva a estudiantes cristianos a campus universitarios para compartir sus historias de dos minutos de lo que Jesús ha hecho por ellos. Se encuentran con estudiantes en el campus y en departamentos deportivos. Construyen relaciones mediante la conversación, y entonces les cuentan sus relatos personales de cómo oyeron de Jesús y los milagros asombrosos que han experimentado. Cuando mi amigo y el grupo han terminado de compartir, preguntan a los estudiantes si querrían aceptar a Cristo como su Salvador. Si los estudiantes quieren, hacen una oración para pedir a Jesús que entre en sus vidas y para pedir perdón por sus pecados. El Espíritu Santo llega para habitar en sus espíritus, y nacen de nuevo.

Muchas vidas han sido cambiadas por el poder del Espíritu Santo, como se evidencia en el amor de Jesús que describen estos contadores de historias.

EL PODER SANADOR DE DIOS ES REAL

He viajado por el mundo con ministerios que comparten el amor de Jesús. Hablar sobre las sanidades que Jesús hizo mientras estaba en la tierra hace que la fe aumente. Quienes creen, esperan ser sanados. Muchas veces, un orador pide que se pongan de pie las personas que tengan dolor de espalda. Los creyentes entre la audiencia levantan sus manos en una oración de acuerdo hacia una de las personas que está de pie. La persona que ha hablado ora para que fluya poder de resurrección sobre los que están creyendo para recibir su sanidad.

Tras la oración, la persona comprueba si aún tiene dolor de espalda o se siente mejor. Quienes ya no tienen dolor se apresuran a menudo hasta la plataforma o al frente para compartir su buena noticia.

Cuando a las personas se les muestra el amor de Dios al ser sanadas, quieren *conocer* al Espíritu Santo y no solo *saber sobre* Él.

Durante uno de los viajes, fui testigo de una mujer que tenía leucemia.

Ella estaba decidida a ser sana. Su rostro tenía color grisáceo y una expresión triste. El pastor oró por ella mientras el resto de la gente oraba en lenguas. Su victoria llegó rápidamente. Su rostro se iluminó con una gran sonrisa, y regresó el color a su cara. La gloria de Dios estaba sobre ella, y fue liberada de su angustia. Fue al médico a la semana siguiente; le hicieron análisis y confirmaron que no quedaba ni un solo rastro de leucemia en su cuerpo.

En 2011 estaba yo en Albania. Viajaba con Marilyn Hickey y un grupo de turistas que ministraban. Nos reuníamos en un gimnasio grande, y en la parte de atrás había una mamá que agarraba la mano de su hijo. Él tenía unos ocho años, y era sordo de ambos oídos. Sarah Bowling, que es la hija de Marilyn, se acercó y habló con la mamá. Sarah oró, puso sus manos sobre los oídos del niño y ordenó que se abrieran las trompas de Eustaquio en el nombre de Jesús. ¡Dios mío, se abrieron al instante! Los ojos del niño estaban verdaderamente sorprendidos. Señaló a sus oídos. Hizo sonidos con su voz, pero claramente no podía hablar aún. Había sido sordo desde que nació.

He estado en reuniones donde personas fueron sanadas de cáncer. En diciembre de 2017 estaba en una reunión en la que el pastor llamó a una mujer con cáncer. La audiencia oró por ella mientras el pastor le ministraba. Tras un rato breve, ella se presionó el estómago. Ya no tenía dolor.

DECLARA VICTORIA SOBRE LA ENFERMEDAD

Hay que enseñar a la gente cómo mantener su sanidad. Muchas veces, las personas regresan a su entorno familiar y los síntomas regresan. La persona podría decir: "Ah, supongo que esas oraciones no funcionaron conmigo". Es erróneo decir eso. Debes rodearte de personas de fe, declarar esas promesas de sanidad, y eliminar la duda.

Yo sufrí una lesión de cuello cuando tenía dieciséis años. Después de aquello, había soportado un fuerte ruido en mi oído izquierdo. En una reunión como la anterior, el orador pidió a quienes tenían ruidos en los oídos que se pusieran de pie y fueran sanados. Yo me puse de pie.

Quienes estaban a mi alrededor oraron en voz alta que esos síntomas de ruido desaparecieran en el nombre de Jesús. Inmediatamente, el ruido cesó.

Más adelante aquella noche, en mi habitación del hotel, comencé a oír de nuevo el ruido. Dije en voz alta: "Ah, no, ¡no lo harás! Fui sanada hoy. Ahora, ¡síntomas, fuera!". Y así sucedió.

El trastorno intentó regresar varias veces más, y yo decía lo mismo. "El [*fecha cuando sucedió*] fui sanada de mi oído. ¡Ahora, vete!". Tras algunos días, los síntomas dejaron de producirse. Eso sucedió hace cinco años atrás.

Cuida tus palabras, y declara vocalmente que fuiste sanada en cierta fecha. Permanece en fe.

Muchas veces he oído que varios síntomas de cáncer han desaparecido. El dolor desapareció. Bultos se deshicieron. He visto rayos-X antes y después que muestran una sanidad total.

Ver a personas ser sanadas es maravilloso. ¡Eso sí es ser liberada! Liberada de dolor, enfermedad, angustia y esclavitud.

Como modelos de moda del Diseñador Supremo, hemos de aprender a sanar enfermos. No es difícil de hacer. Cuando crees, tienes la fe y la autoridad para orar la Palabra de Dios, el Espíritu Santo se ocupa y es quien hace la sanidad. El nombre de Jesús es lo que sana. Nosotros solo necesitamos ser valientes y creer.

> *Sobre los enfermos pondrán sus manos, y sanarán.*
> —Marcos 16:18b (RVR-60)

Así es como recorremos la pasarela del diseño de Dios. Andamos por fe. Reclamamos promesas de la Palabra de Dios. Irradiamos la presencia de Dios dondequiera que vamos a lo largo del día.

> *Levántate, resplandece; porque ha venido tu luz, y la*
> *gloria de Jehová ha nacido sobre ti.*
> —Isaías 60:1 (RVR-60)

Resplandecer es reflejar luz. Resplandecer es irradiar el brillo de la fuente. En el mundo natural, la luz viene del sol. En el mundo sobrenatural, la luz viene del Hijo.

Este es el tiempo para salir de tu zona de confort. Este es el tiempo para ser una luz resplandeciente, sin obstáculos de oscuridad.

Somos liberadas y lanzadas en este tiempo. No nos cansemos de hacer el bien (ver Gálatas 6:9). De nuevo, la preparación es un proceso. A menudo toma más tiempo del que pensamos que tomará. No te apresures. Es el tiempo de Dios. Recuerda que es un caminar diario, paso a paso.

Tu pasarela se convierte en el lugar donde corres la carrera para así poder recibir la corona de gloria. Serás recompensada por recorrer la pasarela de Dios por la fe, erguida y con seguridad y certeza, al igual que con humildad y mansedumbre.

> *Y todo lo que hagáis, hacedlo de corazón, como para el*
> *Señor y no para los hombres; sabiendo que del Señor*
> *recibiréis la **recompensa** de la herencia, porque a Cristo*
> *el Señor servís.*
> —Colosenses 3:23-24 (RVR-60)

SÉ LIBERADA DEL AFÁN, EL SUFRIMIENTO Y LA ANSIEDAD

Otro modo de ser liberada es ser librada del afán o el sufrimiento. Liberar es soltar las ansiedades para tener la libertad para explorar tu propósito. Deja de posponer las cosas. Deja de aferrarte al pasado. Las situaciones que experimentas en la vida son para prepararte para el motivo por el que Dios te tiene en esta tierra. La paz en tu espíritu te mostrará qué es lo correcto hacer. Mientras más te acercas al Espíritu Santo, más entenderás su razón para hacerte del modo en que eres.

Hay algunas personas a las que solamente tú puedes alcanzar con el amor de Dios. El Dr. Charles Stanley dijo: "Por eso Él llama a los creyentes a lugares que tienen el potencial de estirarlos, madurarlos y transformarlos en las personas que Él quiere que sean".[1]

La liberación llega mediante el arrepentimiento. La liberación llega mediante ser fiel y obediente. Libertad es el resultado. Somos liberadas

La liberación llega mediante el arrepentimiento.

hacia nuestro propósito. Podemos hacer libres de la esclavitud a otros.

Muchas personas están sufriendo. Familias rotas. Relaciones rotas. Personas rotas. Necesitan ser amadas y que les digan que Jesús les ama mucho. Él dio su vida en la cruz para que ellos tengan esperanza. Eso es lo que quieren. Eso es lo que necesitan. Tú eres la única que puede decírselo.

La preparación es un proceso que llega antes del ascenso. *Ascenso* es

---

1   Dr. Charles Stanley, "God's Purpose for Your Life", In Touch Ministries, 18 de marzo de 2015, www.intouch.org/read/Gods-purpose-for-your-life.

cuando vamos al nivel siguiente de responsabilidad. Siete "montes" de carrera profesional influencian nuestra cultura, o siete tipos principales de actividad. Son: artes/entretenimiento, comercio/economía, educación, familia, gobierno/leyes, medios de comunicación, y religión/fe.[2] Hemos de llegar a ser líderes en las cumbres de esos montes en nuestras esferas de influencia, nuestros llamados.

Hemos de liderar mediante el ejemplo, ser modelos del reino de Dios. Cuando hacemos del tiempo con Dios una prioridad, esta actividad nos prepara para recorrer la pasarela que Dios ha preparado para que andemos en ella. Tengamos pasión por la moda de Dios.

---

2   Lance Wallnau, "Discover 7M", www.lancewallnau.com/7m-strategy/discover-7m.

EPÍLOGO

Ahora que has leído este libro, ¿qué harás con toda esta información? ¿cómo aprenderás a recorrer la pasarela del diseño de Dios? Aquí están mis sugerencias.

- Relee el libro utilizando un marcador. Escribe fechas al lado de los puntos en los que has tomado decisiones de mejorar tu vida. Esto deja una marca y marca un memorial.

- Consigue un diario si aún no tienes uno. Anota las cosas que el Espíritu Santo te muestre en la Biblia. Las revelaciones nuevas deben ser recordadas. Si no las anotas, probablemente las olvidarás. Sé que eso me sucede a mí.

- Encuentra una congregación local que crea en la Biblia y se base en la fe a la que puedas llamar tu iglesia. Localiza una iglesia que crea en alabar a Dios. Encuentra un grupo que permita que el Espíritu Santo se mueva como Él quiera. Un pastor local es una cobertura divina y un paraguas espiritual. Es importante tener un manto dado por Dios. El Salmo 91 habla de descansar bajo la sombra del Todopoderoso. Estar en la presencia de Dios es el lugar más seguro donde poder estar.

- Involúcrate en un pequeño grupo de estudio bíblico, grupo de vida, o grupo pequeño. Conecta con otros creyentes cristianos en tu comunidad. Estar sola no es saludable. Fuiste creada para tener conversación, consuelo y aliento de parte de otros seguidores de Cristo que también están recorriendo la pasarela del diseño de Dios. Ellos conocen el propósito que Dios les ha dado y lo están viviendo en sus vidas cotidianas.

- Si este libro ha ayudado a alentarte y hacer que tu vida sea mejor, por favor pásalo a otra persona que se beneficiará del conocimiento de ser creada y moldeada a imagen de Dios.

QUIÉN SOY YO EN CRISTO

Soy una generación escogida—1 Pedro 2:9

Soy realeza—1 Pedro 2:9

Soy una heredera—Gálatas 3:29; Colosenses 3:24

Soy ciudadana del cielo—Efesios 2:19, Filipenses 1:27 (NTV)

Soy una hija de Jesucristo—Romanos 1:5–6

No me avergüenzo del evangelio porque es poder para mí—Romanos 1:16

Dios me ve con agrado—Hechos 10:35

Soy santificada—1 Corintios 6:11, Hebreos 2:11

Soy sepultada con Él para muerte... ando en novedad de vida—Romanos 6:4

Estoy muerta al pecado y viva para Dios—Romanos 6:8

Soy coheredera con Jesucristo—Romanos 8:17

Estoy en Cristo; por lo tanto, tengo sabiduría, justicia, santificación y redención—1 Corintios 1:30

Soy una nueva criatura—2 Corintios 5:17

Estoy llena de justicia y de fuerza—Miqueas 3:8a

Soy hechura de Él, creada en Cristo Jesús—Efesios 2:10

Soy la sal de la tierra—Mateo 5:13

Soy la luz del mundo—Lucas 11:36

Soy una seguidora de Jesucristo—Mateo 10:22

Soy perdonada—Marcos 2:5

Soy bienaventurada porque creo que el Señor hará lo que dice—Lucas 1:45

Estoy completa—Efesios 1:23, 3:19, 4:13; Santiago 1:4

Soy valiosa—Lucas 12:24

Soy sanada—Lucas 13:1

Soy fiel en lo poco, seré fiel en lo mucho—Lucas 16:10

Soy nacida de nuevo—Juan 3:3

Soy amiga de Jesús—Juan 15:15

Estoy en un espíritu con la Deidad—Juan 17:23, Romanos 7:4, Gálatas 3:28

Soy el templo de Dios—1 Corintios 3:17

Soy una piedra viva: 1 Pedro 2:5

Estoy saludable en cuerpo así como prospera mi alma: 3 Juan 1:2 (NTV)

PONTE TODA LA ARMADURA DE DIOS

- Ahora mismo me pongo toda la armadura de Dios porque sé que no tengo lucha contra carne y sangre, sino contra principados, potestades del aire, gobernadores de las tinieblas y maldad espiritual en lugares altos. Por lo tanto, me levanto y me pongo la armadura de justicia (2 Corintios 6:7).

- Me pongo el cinto de la verdad. Y lo ajusto. Tu Palabra es verdad (Juan 17:17). Jesús es verdad. Él dijo: "Yo **soy** el camino, la verdad...". Es el fundamento de quién soy yo; por lo tanto, la justicia es mi cinto y la fidelidad el ceñidor de mi cintura (Isaías 11:5).

- Me pongo la coraza de justicia porque Dios se agrada de mí. La justicia es un don (Romanos 5:17). La justicia viene por la gracia (Gálatas 2:21). Soy salva por gracia, y tu gracia es suficiente. Tu Palabra dice que quien practica la justicia es justo, así como Él es justo (1 Juan 3:7). Así que hoy, presento mi cuerpo como un instrumento de justicia (Romanos 6:13).

- La gloria del Señor es mi retaguardia (Isaías 58:8). Jesús es la gloria de mi fuerza (Salmos 89:17). El gozo del Señor es mi fortaleza. Todo lo puedo en Cristo, el Ungido y su unción, que me fortalece. Hoy, soy fortalecida con fuerza en lo íntimo de mi ser (Efesios 3:16).

- Me pongo el calzado del evangelio de la paz para que donde camine, camine en paz. Este calzado con botas militares del Dios Todopoderoso para poder caminar en paz y autoridad. Camino con las Buenas Nuevas. Camino en amor. Camino en sabiduría (Colosenses 4:5). Camino por fe y no por vista (2 Corintios 5:7). Camino en la luz y Él está en la luz (1 Juan 1:7). Camino en la luz de su rostro (Salmos 89:15). Porque su Palabra es lámpara a mis pies y luz a mi camino (Salmos 119:105). Camino digna de mi llamado (Efesios 4:1). Ese llamado es irrevocable (Romanos 11:29); por lo tanto, camino en el Espíritu y no satisfaré los deseos de la carne (Gálatas 5:16). Camino en buenas obras, porque fui creada para andar en ellas (Efesios 2:10). Ya no camino como el resto del mundo en la vanidad e inutilidad de sus mentes (Efesios 4:17). En cambio, corro la carrera que tengo delante de mí. Prosigo al premio de ese llamamiento supremo. Hoy logro lo que Dios me ha llamado a hacer.

- Me pongo el casco de la salvación para proteger mi mente, mi voluntad y mis emociones. Esto me da sanidad, liberación y dominio propio. Porque tengo la mente de Cristo.

- Sobre todo, levanto el escudo de la fe para apagar (extinguir) **todos** los dardos de fuego, los misiles encendidos del maligno. Mi escudo está saturado por el Espíritu Santo porque yo soy un roble de justicia plantado junto a los ríos de agua viva que dan fruto a su tiempo (Salmo 1).

- Tengo la espada del Espíritu, que es la Palabra de Dios. La

Palabra es esa espada de dos filos que penetra en mi corazón y sale de mi boca para poder orar con todo tipo de oración con perseverancia y vigilancia por todos los creyentes, y para decir por lo que es necesario orar en el momento correcto.

- Hoy, tengo valentía en mis palabras, puertas de proclamación. Tengo puertas de influencia; puertas de oportunidad porque Jesús es la Puerta abierta. Vivo bajo un cielo abierto. Hablo a la persona correcta en el momento adecuado y del modo preciso. Digo palabras que producen vida. Declaro palabras de gracia sazonadas con sal (Colosenses 4:6). Declaro palabras de fe y edificación. Declaro palabras de aliento. Por lo tanto, mis palabras son semillas de justicia que son plantadas dondequiera que voy.

DECLARACIONES PARA ANDAR

Hoy, decido andar bajo la nube de gloria (Romanos 6:4).

Me niego a caminar bajo la nube de oscuridad (1 Juan 1:6).

Ando por fe y no por vista (2 Corintios 5:7).

Ando en sabiduría (Colosenses 4:5).

Ando en la luz como Él está en la luz, porque la Palabra de Dios es lámpara a mis pies y una luz a mi camino (1 Juan 1:7; Salmos 119:105).

Camino en las sendas de justicia por amor de su nombre (Salmos 23:3).

Camino en paz (Gálatas 6:16; Efesios 6:15).

Camino en gozo (Lucas 6:3).

Camino en la verdad. Jesús es verdad (3 Juan 1:4; Juan 14:6).

Gracias, Espíritu Santo, por caminar conmigo hoy.

PASIÓN POR LA MODA RECORRIENDO LA PASARELA DEL DISEÑO DE DIOS

SI ERES FAN DE ESTE LIBRO, ¿ME AYUDARÁS A DIFUNDIR LA VOZ? Hay varias maneras de poder ayudarme a hacer correr la voz sobre el mensaje de este libro...

- Sube una valoración de 5 estrellas en Amazon.

- Escribe sobre el libro en tu Facebook, Twitter, Instagram... ¡cualquier red social que uses regularmente!

- Si escribes un blog, considera hacer referencia al libro, o publicar un extracto del libro con un enlace a mi página web. Tienes mi permiso para hacer esto mientras incluyas el crédito adecuado y retroenlaces.

- Recomienda el libro a tus amistades; el boca a boca sigue siendo la forma más eficaz de publicidad.

- Compra ejemplares adicionales para entregar como regalo. Puedes hacerlo visitando mi página web en: www.jeanmetcalf.org

El mejor modo de conectar conmigo es en jeanmetcalf.org

China: hablé en una conferencia para mujeres.

Fiji: hablé en un servicio eclesial.